COMPORTAMENTO ORGANIZACIONAL

Dados Internacionais de Catalogação na Publicação (CIP)

M357c Marques, José Carlos.

Comportamento organizacional / José Carlos Marques.
– São Paulo, SP : Cengage, 2016.

Inclui bibliografia.
ISBN 13 978-85-221-2890-7

1. Comportamento organizacional. 2. Motivação
(Psicologia). 3. Emoções. 4. Liderança. 5. Comunicação
organizacional. I. Título

CDU 658.013
CDD 658.3

Índice para catálogo sistemático:

1. Comportamento organizacional   658.013

(Bibliotecária responsável: Sabrina Leal Araujo – CRB 10/1507)

COMPORTAMENTO ORGANIZACIONAL

Austrália • Brasil • México • Cingapura • Reino Unido • Estados Unidos

Comportamento organizacional

Autor: José Carlos Marques

Gerente editorial: Noelma Brocanelli

Editoras de desenvolvimento:
Gisela Carnicelli, Regina Plascak e Salete Guerra

Coordenadora e editora de aquisições:
Guacira Simonelli

Produção editorial: Fernanda Troeira Zuchini

Copidesque: Sirlene M. Sales

Revisão: Mayra Clara A. V. dos Santos e Renata E. R. Hägele

Diagramação: Alfredo Carracedo Castillo

Capa: Estúdio Aventura

Imagens usadas neste livro por ordem de páginas:
Pressmaster/ Shutterstock; PlusONE/ Shutterstock; Syda Productions/ Shutterstock; Manczurov/ Shutterstock; Rawpixel/ Shutterstock; Rawpixel/ Shutterstock; Rawpixel/Shutterstock; AlexanderSupertramp/ Shutterstock; R. Gino Santa Maria/ Shutterstock; Rafal Olechowski/ Shutterstock; Konstantin Chagin/ Shutterstock; PathDoc/Shutterstock; Sergey Nivens/ Shutterstock; Edler von Rabenstein/Shutterstock; Konstantin Chagin/ Shutterstock; iluistrator/Shutterstock; auremar/ Shutterstock; michaeljung/ Shutterstock; jorgen mcleman/ Shutterstock; Andresr/ Shutterstock; Stuart Miles/ Shutterstock; Peshkova/ Shutterstock; Sabphoto/ Sutterstock; Vibrant Image Studio/ Shutterstock; Featureflash/ Shutterstock; sibgat/ Shutterstock; Christine Langer-Pueschel/ Shutterstock; everything possible/ Shutterstock; Dean Drobot/ Shutterstock

© 2016 Cengage Learning Edições Ltda.

Todos os direitos reservados. Nenhuma parte deste livro poderá ser reproduzida, sejam quais forem os meios empregados, sem a permissão por escrito da Editora. Aos infratores aplicam-se as sanções previstas nos artigos 102, 104, 106, 107 da Lei nº 9.610, de 19 de fevereiro de 1998.

Esta editora empenhou-se em contatar os responsáveis pelos direitos autorais de todas as imagens e de outros materiais utilizados neste livro. Se porventura for constatada a omissão involuntária na identificação de algum deles, dispomo-nos a efetuar, futuramente, os possíveis acertos.

Esta editora não se responsabiliza pelo funcionamento dos links contidos neste livro que possam estar suspensos.

Para permissão de uso de material desta obra, envie seu pedido para
direitosautorais@cengage.com

© 2016 Cengage Learning Edições Ltda.
Todos os direitos reservados.

ISBN 13: 978-85-221-2890-7
ISBN 10: 85-221-2890-1

Cengage Learning Edições Ltda.
Condomínio E-Business Park
Rua Werner Siemens, 111 - Prédio 11
Torre A - Conjunto 12
Lapa de Baixo - CEP 05069-900 - São Paulo - SP
Tel.: (11) 3665-9900   Fax: 3665-9901
SAC: 0800 11 19 39

Para suas soluções de curso e aprendizado, visite
www.cengage.com.br

Impresso no Brasil
Printed in Brazil

Apresentação

Com o objetivo de atender às expectativas dos estudantes e leitores que veem o estudo como fonte inesgotável de conhecimento, esta **Série Educação** traz um conteúdo didático eficaz e de qualidade, dentro de uma roupagem criativa e arrojada, direcionado aos anseios de quem busca informação e conhecimento com o dinamismo dos dias atuais.

Em cada título da série, é possível encontrar a abordagem de temas de forma abrangente, associada a uma leitura agradável e organizada, visando facilitar o aprendizado e a memorização de cada assunto. A linguagem dialógica aproxima o estudante dos temas explorados, promovendo a interação com os assuntos tratados.

As obras são estruturadas em quatro unidades, divididas em capítulos, e neles o leitor terá acesso a recursos de aprendizagem como os tópicos *Atenção*, que o alertará sobre a importância do assunto abordado, e o *Para saber mais*, com dicas interessantíssimas de leitura complementar e curiosidades incríveis, que aprofundarão os temas abordados, além de recursos ilustrativos, que permitirão a associação de cada ponto a ser estudado.

Esperamos que você encontre nesta série a materialização de um desejo: o alcance do conhecimento de maneira objetiva, agradável, didática e eficaz.

Boa leitura!

Prefácio

Nenhum ser humano, no contexto social, é previsível. Suas ações e condutas são norteadas pelas regras e normas de convivência.

Contudo, como é possível prever, organizar ou orientar o comportamento humano em um ambiente limítrofe, como em uma empresa ou organização?

O Comportamento Organizacional visa equilibrar essa necessidade, por meio do estudo do comportamento dos indivíduos e de seus impactos no meio ambiente de uma companhia.

Esse tipo de estudo imbui, além de outras peculiaridades, a possibilidade de enfrentar eventuais problemas, bem como de fomentar qualidades e habilidades dos colaboradores que fazem parte de determinada organização.

O objetivo desse material é fornecer subsídios para que o estudo do comportamento da organização seja bem orientado e forneça os resultados almejados.

Na primeira Unidade, o leitor vai entender a vantagem do estudo relacionado ao comportamento organizacional, os níveis de atuação dessa ferramenta e as disciplinas que se valem desse recurso nos dias atuais.

A segunda Unidade explora o comportamento individual, as atitudes e os valores perseguidos, os traços de personalidade e os fatores comportamentais nas tomadas de decisão.

Já na terceira Unidade, temas como os relacionados aos grupos e assuntos, como os motivos que propiciam as formações de tais conjuntos, os fatores que afetam o desempenho destes, o importante processo de comunicação e a liderança serão debatidos.

Por fim, na quarta Unidade, o leitor vai compreender um pouco mais sobre a cultura organizacional, a estrutura funcional, as questões concernentes às resistências às mudanças, entre outros.

Como dito no início, nenhum ser humano é previsível, mas ele pode ser estimulado dentro das suas qualidades e características. Um estudo acerca do comportamento do indivíduo pode facilitar a compreensão e o estímulo dessas qualidades.

Desejamos uma boa leitura.

UNIDADE 1
FUNDAMENTOS E CONCEITOS

Capítulo 1 O que é comportamento organizacional?, 11

Capítulo 2 Comportamento organizacional como integrador de várias disciplinas, 11

Capítulo 3 Outras disciplinas que utilizam os conceitos do comportamento organizacional, 12

Capítulo 4 Aspectos importantes do comportamento organizacional, 12

Capítulo 5 Vantagens do estudo do comportamento organizacional, 13

Capítulo 6 Comportamento organizacional e seus campos relacionados, 13

Capítulo 7 Níveis de atuação do comportamento organizacional, 14

Capítulo 8 Modelo de comportamento organizacional, 15

Capítulo 9 Variáveis dependentes, 15

Capítulo 10 Variáveis independentes, 17

Capítulo 11 Impactos internacionais sobre o comportamento organizacional, 19

Capítulo 12 Desafios para o comportamento organizacional, 19

Capítulo 13 Comportamento organizacional positivo, 24

Capítulo 14 Estrutura para o estudo do comportamento organizacional, 24

Glossário, 26

1. O que é comportamento organizacional?

Uma definição para **comportamento organizacional**, segundo Vecchio (2008), é o estudo do comportamento humano no âmbito de um contexto organizacional. Esse estudo leva em consideração duas vias de direção que se complementam: a interação entre indivíduos e grupos com a organização e como a organização influencia o comportamento de indivíduos e grupos. Representa, atualmente, um importante segmento do conhecimento para um indivíduo que precisa se relacionar com uma empresa para trabalhar, por exemplo. O domínio desse conhecimento torna-se ainda mais importante para quem ocupa funções de gestão em uma organização.

Embora no título conste o termo "organizacional", na realidade, comportamentos são observáveis em seres humanos. Uma **organização** pode ser definida como um conjunto de duas ou mais pessoas que se reúnem para atender a um objetivo comum e que estabelecem um sistema coordenado para o relacionamento entre elas. Portanto, o foco de atuação do comportamento organizacional são os indivíduos que compõem as organizações.

> *ATENÇÃO! Além das competências técnicas, o domínio das competências comportamentais fará a diferença na alavancagem de uma carreira.*

2. Comportamento organizacional como integrador de várias disciplinas

A disciplina Comportamento Organizacional aproveita conceitos, métodos e técnicas de outras disciplinas utilizadas para tratar do comportamento humano nas organizações. Sua principal contribuição é abordar essas disciplinas privilegiando a interdisciplinaridade. O ser humano é um ser complexo que, para ser entendido, precisa ser estudado de forma holística e integral. Daí a necessidade de combinar, de forma sistêmica, integrada e interdisciplinar, várias disciplinas.

As disciplinas que contribuem mais diretamente com o comportamento organizacional são:

- **Psicologia**: tem como foco o indivíduo. Ajudará a entender o indivíduo a partir do conhecimento de sua personalidade, percepção, motivação, estratégias utilizadas no processo de aprendizagem etc.;

- **Psicologia Social**: tem como foco a influência mútua entre os indivíduos. É por meio dela que serão conhecidas as formas de tomadas de decisões em grupo, os estilos de liderança, os mecanismos de comunicação, os jogos e dinâmicas de grupo etc.;

- **Sociologia**: tem como foco os grupos de indivíduos. Os conceitos da sociologia ajudam a conhecer como são estabelecidas as relações de poder, a natureza e a solução de conflitos, o que dá prestígio e *status* dentro de um grupo ou entre os grupos etc.; e
- **Antropologia**: tem como foco a cultura da organização. Contribuirá para o entendimento dos valores que norteiam as ações dos indivíduos na organização, a formação e manutenção da cultura organizacional etc.

3. Outras disciplinas que utilizam os conceitos do comportamento organizacional

Os conceitos do comportamento organizacional passaram a ser utilizados por outras disciplinas. Por exemplo, as pesquisas de marketing têm muito em comum com as pesquisas realizadas pelo comportamento organizacional, afinal, para se prever o comportamento do consumidor, utiliza-se técnicas muito parecidas com aquelas aplicadas para prever o comportamento dos empregados. A economia também tem enveredado pelos caminhos relacionados ao comportamento organizacional. Para decidir onde aplicar um dinheiro que sobrou, um indivíduo deve refletir acerca dos critérios levados em consideração, se são intuitivos ou racionais. Para sanar questões como esta, a economia tem se apropriado de conceitos de comportamento organizacional.

4. Aspectos importantes do comportamento organizacional

O comportamento organizacional apresenta aspectos importantes para auxiliar os indivíduos a compreender o contexto organizacional com o qual interagem, tais como:

a) **aplicação de métodos científicos**: cria modelos e hipóteses a partir de métodos científicos de pesquisa para explicar o comportamento humano nas organizações; e

b) **abordagem contingencial**: as relações entre indivíduos e organizações dependem das circunstâncias, nada é imutável. Segundo Vecchio (2011), "os pesquisadores do CO que aprovam o método da contingência acreditam que o comportamento dos colaboradores é muito complexo para ser explicado somente por alguns princípios simples e diretos". Os pesquisadores reconhecem que, para explicar o comportamento de um indivíduo, deve ser considerada a interdependência entre os fatores pessoais e os fatores situacionais, também conhecidos como **variáveis contingenciais**.

5. Vantagens do estudo do comportamento organizacional

O estudo do comportamento organizacional possibilita aos indivíduos e às organizações o alcance de quatro vantagens:

a) **Aplicação prática**: medir o comportamento humano nem sempre é uma tarefa fácil e, em função dessa dificuldade, pode ser negligenciado. Segundo Vecchio (2008), algumas vantagens práticas podem ser importantes para se compreender os princípios do comportamento organizacional. Exemplo disso é a escolha do estilo de liderança mais adequado a uma determinada situação; técnicas para aumentar a motivação e melhorar o desempenho de um indivíduo ou de um grupo; e estratégias para lidar com a diversidade cultural em uma organização. Segundo o mesmo autor, "a distinção entre instituições, sob o aspecto da reputação, é baseada, em grande parte, no elemento humano. Em essência, o reconhecimento do sucesso organizacional resulta, frequentemente, do gerenciamento eficaz de pessoas. Portanto, o sucesso é alcançado considerando a equipe de trabalho como uma fonte estratégica de vantagem competitiva (em vez de simplesmente de um custo)";

b) **Crescimento pessoal**: crescemos pessoalmente à medida que aprendemos a conhecer e compreender os outros indivíduos com os quais interagimos na organização. Uma vantagem complementar que alcançamos é que, para conhecer e compreender os outros, precisamos, primeiramente, nos conhecermos, nos compreendermos e nos aceitarmos. O crescimento pessoal complementa a formação técnica adquirida na escola e pode ser um fator decisivo para a ascensão em uma determinada carreira;

c) **Maior conhecimento**: outra vantagem que obtemos é reunir conhecimentos sobre pessoas no contexto organizacional. Vecchio (2008) entende que "o estudo do CO pode ajudar uma pessoa a pensar de modo crítico a respeito de assuntos relacionados à experiência do trabalho. Tal aptidão para o pensamento crítico pode ser útil para a análise de problemas pessoais e dos empregados";

d) **Melhor desempenho**: os indivíduos que se sentem assistidos e protegidos pela organização, que realizam tarefas para as quais foram capacitados, que têm autonomia para organizar o próprio trabalho e que percebem o quanto seu trabalho é importante para a sua equipe e/ou organização, alcançam padrões elevados de desempenho.

6. Comportamento organizacional e seus campos relacionados

Como visto, o CO pode ser entendido como o estudo sistemático do comportamento e atitudes de pessoas ou grupos em organizações. Podemos considerar que essa é uma perspectiva de nível micro, cuja unidade principal de análise é o indivíduo.

A **teoria organizacional** tem como unidade de análise a organização. Concentra-se em estudar a cultura, a tecnologia, os sistemas de metas etc., caracterizando uma abordagem de nível macro. Apoia-se em pesquisas e estudos de caso, ao passo que o CO apoia-se em experimentos de laboratório e de campo.

A **gestão de recursos humanos** diferencia-se do CO na medida em que o gerenciamento de recursos humanos revela maior preocupação com técnicas aplicadas e tecnologia comportamental, tentando estabelecer um elo entre o indivíduo e a organização ao criar e implementar sistemas para atrair, desenvolver e motivar pessoas (por meio da concessão de benefícios e de programas de remuneração, por exemplo).

Vecchio (2008) explica que "o **desenvolvimento organizacional** refere-se à introdução de mudanças bem-sucedidas nas organizações. Os especialistas nessa área encaram, algumas vezes, a tarefa de mudança sob uma perspectiva macro, concentrando-se na estrutura e nos valores da organização. A meta final dessas iniciativas consiste em aumentar a eficácia organizacional".

A compreensão desses quatro campos será facilitada se os dividirmos em dois aspectos: o nível micro *versus* o nível macro (de análise) e a teoria *versus* a prática. A Figura 1 ilustra as possíveis combinações desses aspectos:

Figura 1 – Quatro campos nas ciências da organização

		Nível de análise	
		Micro	Macro
Principal Orientação	Teórico-Conceitual	Comportamento Organizacional	Teoria Organizacional
	Aplicações práticas	Recursos Humanos	Desenvolvimento Organizacional

Fonte: Vecchio, 2008.

7. Níveis de atuação do comportamento organizacional

São três os níveis de atuação do comportamento organizacional:

a) **comportamento micro-organizacional**: sua unidade de estudo é o indivíduo. Estuda a personalidade, as diferenças individuais, a motivação e a **satisfação no trabalho**;

b) **comportamento meso-organizacional**: sua unidade de estudo é o grupo. Estuda a dinâmica de grupos, a formação de equipes, os métodos de socialização, mecanismos utilizados para aumentar o desempenho da equipe, liderança, poder, conflito e negociação; e

c) **comportamento macro-organizacional**: sua unidade de estudo é a organização como um sistema. Estuda a cultura, o clima, o desenho organizacional e o desenvolvimento organizacional.

8. Modelo de comportamento organizacional

Os modelos são utilizados pelas ciências para explicar e entender fenômenos complexos. São simplificações de fenômenos reais. O modelo que apresentaremos para o estudo do comportamento é composto por um conjunto de variáveis dependentes e variáveis independentes que ajudarão a explicar o comportamento dos indivíduos e dos grupos nas organizações.

As premissas para construção do modelo são:

a) a existência de três níveis de análise: individual, grupal e organizacional; e

b) a tese de que um nível é construído sobre o anterior, aumentando o entendimento sobre o comportamento na organização. Entendendo o comportamento do indivíduo, podemos entender o grupo. Entendendo o indivíduo e o grupo, podemos compreender a organização.

9. Variáveis dependentes

Entende-se por **variáveis dependentes** aqueles resultados que podem ser previstos e influenciados por fatores diversos. No estudo do comportamento organizacional considera-se como variáveis dependentes:

a) **Produtividade**: mede a relação entre resultados e os insumos (matéria-prima, equipamentos, pessoas etc.) utilizados para gerar esses resultados. Uma organização pode ser considerada produtiva quando alcança seus resultados (produtos e serviços) com o custo mais baixo possível. A produtividade é uma relação entre eficiência e eficácia. Ser eficiente é fazer as coisas de maneira correta, isto é, seguir os processos. Ser eficaz é fazer as coisas certas, isto é, focar nos resultados, aproveitar as oportunidades;

b) **Absenteísmo**: indicador que mede as ausências dos indivíduos ao trabalho. Um absenteísmo elevado é uma fonte de preocupação para os gestores de uma organização, pois pode afetar os custos dos produtos e serviços. As faltas computadas para o cálculo do absenteísmo podem ser de duas naturezas distintas: faltas injustificadas (o indivíduo decide não comparecer ao trabalho) e faltas justificadas, provocadas por uma causa conhecida (doença, direitos ou obrigações amparadas por lei etc.). Tomemos como exemplo um funcionário que tem uma jornada diária de 8 horas e trabalha 20 dias no mês, se ele se ausentar do trabalho por dois dias (16 horas), terá um absenteísmo de 10%. As faltas ao trabalho podem acarretar custos adicionais com horas extras, na entrega de produtos e na disponibilidade de atendimento, no caso das empresas de prestação de serviços;

c) **Rotatividade** ou *turnover*: indicador que mede a velocidade com que as pessoas saem da organização. Os desligamentos do quadro de pessoal de uma organização podem ocorrer por iniciativa da empresa, por iniciativa dos empregados ou por motivos involuntários. São computados para cálculo da rotatividade apenas os desligamentos que serão substituídos – será contratado um novo indivíduo para ocupar a vaga em aberto. É calculado um percentual entre os desligamentos ocorridos em relação ao quadro médio de pessoal em um determinado período. Por exemplo, uma organização que teve em um determinado mês 10 desligamentos e possui um quadro médio de 200 funcionários, nesse mesmo período, terá uma rotatividade de 5%. Reduções de quadro de pessoal não são computadas para a rotatividade. Uma rotatividade administrada – aquela que apresenta valores adequados de acordo com o tipo de negócio ou operação da organização – pode ser benéfica, possibilitando uma renovação do quadro de pessoal sem que os resultados fiquem comprometidos;

d) **Inadaptação às normas da organização**: normalmente uma organização define regras de conduta cuja finalidade é orientar que comportamentos são ou não aceitáveis no ambiente de trabalho. Às vezes essas regras são escritas, outras vezes não. Um indivíduo que não cumpre essas regras pode comprometer o seu próprio bem-estar, bem como afetar o bem-estar de seus colegas de trabalho. Pode ser uma violação simples, como ouvir música em um volume acima do aceitável; pode ser uma violação mais séria, como violência verbal ou física contra seus pares, sabotagem, furto etc. Os gestores precisam entender as causas dessas inadaptações de forma a evitar um ambiente de trabalho hostil, lembrando que essas situações podem acarretar prejuízos de imagem, de motivação dos funcionários e até financeiros. Contudo, só conhecer as causas não é suficiente. Os gestores devem tomar medidas que busquem a eliminação dessas causas;

e) **Cidadania organizacional**: um indivíduo que pratica a cidadania organizacional é aquele que executa atividades além daquelas previstas no cargo que ocupa e que busca superar as metas para ele estabelecidas. Esse comportamento está mais presente e é exigido nas organizações de hoje devido à necessidade de se trabalhar em equipe e à flexibilidade verificada nas estruturas e nos processos de trabalho. É o famoso "vestir a camisa" da organização; e

f) **Satisfação no trabalho**: estar satisfeito no trabalho significa sentir uma forte identificação com o que o trabalho proporciona ao indivíduo, que pode ir desde o alcance de objetivos e valores pessoais, até as formas de recompensa. A satisfação pode ser entendida mais como atitude do que como um comportamento. A satisfação no trabalho também está associada à qualidade de vida que a organização proporciona aos seus funcionários, como veremos mais adiante. Ela está classificada como variável dependente, uma vez que é voz corrente nas organizações que funcionários satisfeitos produzem mais, faltam menos e procuram cumprir de forma adequada as normas de conduta da organização.

Muitas organizações facilitam o acesso de seus funcionários a academias, possibilitando uma melhoria de sua qualidade de vida.

10. Variáveis independentes

São entendidas como **variáveis independentes** as possíveis causas que podem afetar uma variável dependente. Como no nosso modelo, temos três níveis de análise e apresentaremos as variáveis independentes correspondentes a cada um deles:

a) **Nível individual**: são consideradas variáveis independentes individuais as características que são inerentes aos indivíduos como idade, gênero, estado civil, traços de personalidade, valores, crenças e atitudes e formação acadêmica. A organização pouco pode fazer para mudar essas características. Completam as variáveis independentes individuais: percepção, tomada de decisão individual, motivação e aprendizagem. Esses temas serão discutidos na Unidade 2;

b) **Nível grupal**: são consideradas variáveis independentes do nível grupal aquelas que resultam da interação dos indivíduos no grupo. Lembrando que o comportamento do grupo não é o resultado da soma dos comportamentos de seus indivíduos. Neste nível, a organização já tem condições de provocar ou promover alterações nos comportamentos. São consideradas como variáveis independentes, neste nível, a formação de grupos e de equipes, os estilos de liderança, os princípios e mecanismos de comunicação, as relações entre poder e política na organização, a natureza, tipos e formas de solução de conflitos. Esses temas serão discutidos na Unidade 3; e

c) **Nível organizacional**: as variáveis independentes do nível organizacional são aquelas que consideram a organização de forma global. A exemplo do que tratamos no nível anterior, o comportamento da organização não é o resultado da soma dos comportamentos dos grupos. A possibilidade de intervenção ou influência, no sentido de promover uma alteração de comportamento por parte da organização, é maior neste nível. São consideradas como variáveis independentes deste nível a cultura organizacional, a arquitetura organizacional e os processos de trabalho. Esses temas serão discutidos na Unidade 4.

ATENÇÃO! Para entender ou medir o comportamento de um indivíduo, de um grupo, ou mesmo de uma organização precisamos analisar as influências das variáveis independentes sobre as variáveis dependentes.

Figura 2 – Relação entre variáveis independentes e variáveis dependentes

Variáveis independentes – nível organizacional	Variáveis independentes – nível do grupo
• Cultura organizacional • Arquitetura organizacional • Processos de trabalho	• Grupos e equipes • Liderança • Comunicação • Poder e política • Conflitos

Influenciam

Variáveis independentes – nível do indivíduo	Variáveis dependentes
• Personalidade • Tomada de decisão individual • Motivação • Aprendizagem	• Produtividade • Absenteísmo • Rotatividade • Satisfação no trabalho • Cidadania organizacional

Fonte: Autor.

11. Impactos internacionais sobre o comportamento organizacional

Um dos objetivos do estudo do comportamento organizacional é melhorar os resultados das organizações e, se olharmos particularmente para as empresas privadas, aumentar os seus ganhos.

Como já vimos, aumentando a satisfação dos funcionários a organização poderá aumentar seus ganhos, gerando mais riqueza para seus proprietários ou acionistas. Para tanto, basta examinar a relação entre as variáveis dependentes e as variáveis independentes.

Um recurso que as empresas utilizam é comparar a produtividade de sua força de trabalho com a produtividade e os custos com trabalhadores em outros países. Cabe lembrar que a produtividade está associada a investimentos em tecnologia e capacitação e desenvolvimento de pessoas. Ela não aumenta ou diminui em função de questões comportamentais apenas.

Se em uma determinada empresa, após essa comparação ser feita, se chegar à conclusão de que a produtividade diminuiu, ela poderá executar ações que levem à mudanças comportamentais, para crescer ou recuperar o que foi perdido. Se, por outro lado, houve crescimento da produtividade, da mesma forma, a empresa poderá implementar ações que sustentem ou aprimorem as questões comportamentais que contribuíram para esse resultado.

> *PARA SABER MAIS! A Organização Internacional do Trabalho – OIT – possui uma página na internet onde é possível conhecer os níveis de produtividade de trabalhadores de vários países. Está disponível no link: <http://www.ilo.org/empelm/what/WCMS_114240/lang-en/index.htm>. Acesso em: 29 jan. 2015.*

12. Desafios para o comportamento organizacional

O mundo muda hoje com muita rapidez, afetando as organizações que, para acompanhar tais mudanças, precisam se adaptar, inovar, criar novas formas de organização, novos processos de trabalho, novos modos de relacionamento com clientes, com fornecedores e com a sociedade em geral. Como é possível observar, quase todas essas mudanças afetam o comportamento dos indivíduos, aumentando a importância de se estudar o comportamento organizacional. Se, por um lado, podemos inferir que essas mudanças são verdadeiros desafios para o comportamento organizacional, por outro, constituem-se em ricas oportunidades de se aprimorar e aplicar os conceitos de CO nas organizações.

A seguir, apresentaremos alguns tópicos relacionados às mudanças que mais afetam o comportamento dos indivíduos, dos grupos e da organização como um todo:

a) **Crises financeiras e crescimento econômico**: as crises financeiras – que podem afetar o crescimento econômico –, ou mesmo um prolongado período de baixo crescimento de um país, trazem sérias consequências para a gestão das organizações, implicando em decisões que podem afetar o comportamento organizacional. Demissões e redução temporária da jornada de trabalho e, proporcionalmente, do salário, mediante negociação com o sindicato (uma das modalidades de *lay-off*), são estratégias que as empresas lançam mão em épocas difíceis. Imagine como essas situações afetam as emoções e os níveis de motivação ou de estresse dos funcionários. Cabe aos gestores encontrar meios eficazes de lidar com essa situação. Nesse sentido, conhecer os conceitos de comportamento organizacional pode ser de grande valia;

b) **Globalização**: hoje, não existem mais fronteiras no mundo dos negócios. Os clientes, fornecedores e funcionários de uma organização podem estar em qualquer lugar do mundo. Produtos são desenvolvidos em um país e produzidos em outro. O uso intensivo da tecnologia da informação possibilita que serviços, como o de *call center*, sejam distribuídos entre várias regiões ou mesmo entre países diferentes. Quando recorremos ao atendimento de uma empresa de telefonia, por exemplo, para resolver um problema qualquer, poderemos ser atendidos por um indivíduo que está a muitos quilômetros de distância de nossa residência.

Serviços como *call center*, RH, Contabilidade etc., podem ser terceirizados. Em alguns casos, esses serviços passam a ser prestados por pessoas que trabalham em países diferentes.

c) **Força de trabalho**: a força de trabalho hoje – indivíduos que trabalham nas organizações – é muito mais heterogênea do que era em um passado não muito distante. Os movimentos migratórios; os movimentos sociais para abrir espaço de trabalho nas organizações para minorias étnicas, para portadores de necessidades especiais, entre outros; o aumento da expectativa de vida, fazendo que os indivíduos permaneçam produtivos mesmo alcançando uma faixa etária maior; e a ascensão de mais mulheres a cargos de liderança caracterizam uma força de trabalho com alto grau de diversidade. Uma organização que faz uma boa gestão da diversidade da força de trabalho é mais criativa e inovadora. Lidar e alcançar resultados com tantos indivíduos diferentes trabalhando juntos são desafios para os gestores das empresas.

ATENÇÃO! Uma organização que valoriza e acredita que a diversidade é uma vantagem competitiva, conta com pessoas criativas e obtém ganhos com a inovação.

d) **Satisfação dos clientes**: os clientes, hoje, estão mais bem informados e mais exigentes. Suas necessidades e expectativas mudam rapidamente. O diferencial competitivo ou o fator que garante a sobrevivência de uma organização pode estar na forma com que seus funcionários atendem seus clientes e não, necessária ou exclusivamente, no produto que oferecem. O setor de serviços emprega atualmente a maior quantidade de trabalhadores no mundo inteiro. O que caracteriza a prestação de serviços, senão uma interação direta entre o cliente e o funcionário da organização que presta o serviço? O comportamento organizacional pode ajudar os gestores a conseguirem melhores e sustentáveis padrões de desempenho, através da manutenção da motivação de funcionários e da conscientização da cultura de excelência de atendimento defendida pela organização;

e) **Conhecimento e inovação**: estamos na Era da Informação. As organizações dependem do conhecimento dos indivíduos para criar novos produtos, formular novas estratégias de atendimento ao cliente, melhorar a qualidade de produtos e serviços, para se manterem competitivas. Não é por acaso que as organizações mais valiosas do mundo são aquelas que usam como matéria-prima principal o conhecimento. Os funcionários de uma organização podem, se forem corretamente orientados e estimulados, se tornar os principais agentes de inovação e mudanças;

f) **Nada é duradouro**: vivemos, hoje, com a sensação de que tudo é temporário. As exigências as quais somos submetidos, como agilidade, flexibilidade e desenvolvimento de novas habilidades reforçam essa sensação. O mesmo ocorre com as organizações que precisam se adaptar à essas mudanças. Fusões, aquisições, extinção de linhas ou unidades de negócio, terceirização de serviços, são estratégias ou recursos que as organizações utilizam para sobreviverem. Devemos considerar que se de um lado da moeda está a mudança, do outro está a resistência à mudança, tão presente e marcante nos seres humanos. Se tudo muda tão rápido e, muitas vezes, de forma imprevisível, como criar um ambiente que favoreça e minimize a resistência à mudança? As respostas a esse questionamento poderão ser obtidas com o estudo do comportamento organizacional;

g) **Informatização dos processos de trabalho**: o uso de redes de computadores e de outros recursos tecnológicos, como *smartphones* e *tablets*, permitem que a comunicação e a realização de atividades de trabalho ocorram em qualquer lugar e em qualquer horário. A criação das chamadas "equipes virtuais", como veremos na Unidade 3, só foi possível graças ao avanço da tecnologia de informação. A TI possibilita que pessoas que estão fisicamente distantes trabalhem juntas. Participar de uma equipe virtual certamente fará que adaptemos nosso comportamento. E para o gestor dessa equipe, o que muda? Será que ele poderá aplicar os mesmos princípios ou estilos de liderança aplicados nas equipes presenciais? São questões que merecem reflexão;

h) **Vida profissional e vida pessoal**: a legislação vigente determina que a jornada diária semanal de uma boa parte de empregados de uma organização seja de 8 horas diárias e de 44 horas semanais. No entanto, os indivíduos se queixam que hoje trabalham mais que isso. Os limites entre a vida pessoal e a vida profissional ficaram mais tênues. A facilidade de comunicação com o uso da tecnologia da informação aliada à necessidade de atendermos clientes ou parceiros de trabalho em qualquer lugar do mundo e em qualquer horário, nos obriga a ficar à disposição da empresa 24 horas por dia, 7 dias por semana. O trabalho está ocupando cada vez mais espaço em nossas vidas. Se aumentamos nosso tempo dedicado ao trabalho, aquele dedicado à nossa vida pessoal será reduzido. Tal situação pode se transformar em uma situação de desmotivação ou de estresse, afetando nossa produtividade, entre outras coisas. Alguns estudos realizados recentemente indicam que um dos maiores desejos dos trabalhadores é o equilíbrio entre trabalho e vida pessoal. Os indivíduos que pertencem à geração Y (nascidos após 1980) tem no equilíbrio entre vida profissional e vida pessoal um dos seus mais importantes valores. O comportamento organizacional pode auxiliar as organizações a desenvolverem sistemas de trabalho que possibilitem esse equilíbrio, contribuindo para a satisfação dos funcionários;

i) **Dilemas éticos**: a necessidade de se resolver rapidamente um problema trazido por um cliente, a vontade de superar as metas, a determinação de se manter competitivo, são situações que podem levar um funcionário a "quebrar" regras estipuladas pela organização. Na nossa vida cotidiana, assistimos diariamente transgressões às regras, das mais simples às mais complexas. Estacionar em local proibido, ultrapassar pelo acostamento, subornos e corrupção são alguns exemplos. A organização tem certa dificuldade em estabelecer o que seria um comportamento ético, principalmente quando nela interagem indivíduos de diferentes culturas. Um comportamento que é aceitável em uma determinada cultura, pode ser ofensa grave à outra cultura. Uma forma que algumas organizações encontraram para superar essa dificuldade é a criação e divulgação de um "código de ética", no qual são apresentados os comportamentos aceitáveis e os não aceitáveis na organização em questão. Os valores da organização, os princípios éticos recomendados para o relacionamento com clientes, fornecedores e agentes do governo e o acesso e a utilização de informações confidenciais são temas que encontramos nos códigos de ética. A utilização de um código de ética contribui para que os funcionários conheçam, entendem e pratiquem o comportamento ético. Mas o que acontece quando um funcionário se vê frente a uma situação que fere esses princípios éticos? Como ele poderá resolver esse dilema? Os gestores, devidamente amparados pelos valores e boas práticas da organização, são responsáveis por permitir que o trabalho seja desenvolvido em um ambiente eticamente adequado, reduzindo os conflitos que podem surgir quando o funcionário tem dificuldade em escolher um comportamento que atende às regras e outro que as contraria.

Os códigos de conduta ajudam a entender qual é o comportamento ético recomendado pela organização;

j) **Natureza do trabalho**: o trabalho consiste no dispêndio de energia física e mental para transformar a natureza, produzir bens e serviços e garantir a sobrevivência da espécie humana. As organizações, pressionadas por mudanças de diferentes intensidades e ordens, se veem obrigadas a mudar a natureza do trabalho, uma vez que:

   i. a tecnologia está se fundindo com o organismo humano. O ser humano de hoje não consegue viver sem ter acesso à tecnologia. Comunicação, entretenimento, aquisição de novos conhecimentos, trabalho etc., dependem de tecnologia;

   ii. os cargos, que antigamente estabeleciam limites mais rígidos para a atuação dos funcionários, hoje são desenhados permitindo mais liberdade e autonomia ao seu ocupante;

   iii. a utilização do teletrabalho vem aumentando significativamente;

   iv. a excelência no atendimento aos requisitos dos clientes, das necessidades dos demais *stakeholders*, o cumprimento dos padrões de qualidade e de produtividade constituem-se em indicadores utilizados para avaliar a performance o funcionário no trabalho;

   v. o esforço coletivo é mais valorizado que o esforço individual.

A atenção e o tratamento adequado desses tópicos ensejam que as organizações desenvolvam novas formas de gestão e para se relacionar com as pessoas.

13. Comportamento organizacional positivo

A globalização, a busca incessante para atender as expectativas do cliente, a pressão para reduzir custos, fizeram com que algumas organizações tratassem essas questões não como ameaças, mas como oportunidade para criar um comportamento positivo no ambiente de trabalho. O estudo do **comportamento organizacional positivo** concentra-se em entender como as organizações atraem talentos, como os mantêm motivados, como criam sistemas de trabalho que proporcionem alegria e bem-estar.

14. Estrutura para o estudo do comportamento organizacional

Nas próximas aulas, serão apresentados os temas que serão agrupados em três categorias, obedecendo a uma sequência lógica: o indivíduo (nível micro), o grupo, até chegarmos à organização (nível macro).

A Figura 3 apresenta, de forma resumida, como os temas foram agrupados e serão apresentados e discutidos nas próximas unidades.

Figura 3 – Estrutura para o estudo do comportamento organizacional

Fonte: adaptado de Vecchio, 2008.

Glossário – Unidade 1

Absenteísmo – ausências do funcionário ao trabalho.

Comportamento organizacional – estudo do comportamento humano no âmbito de um contexto organizacional.

Comportamento organizacional positivo – estudo e aprimoramento dos atributos positivos dos funcionários.

Organização – conjunto de duas ou mais pessoas que se reúnem para atender a um objetivo comum e que estabelecem um sistema coordenado para o relacionamento entre elas.

Produtividade – mede a relação entre resultados e insumos utilizados. Expressa a relação entre a eficiência e a eficácia.

Rotatividade – mede o giro como a força de trabalho é substituída em uma organização.

Satisfação no trabalho – sentimentos, positivos ou negativos, dos funcionários com relação ao seu trabalho.

Variáveis contingenciais – fatores situacionais; variáveis que influenciam a relação entre duas variáveis.

Variável dependente – fator-chave que é influenciado por algum outro fator (variável independente).

Variável independente – fator que influencia o resultado de uma variável dependente.

UNIDADE 2
COMPORTAMENTO MICRO-ORGANIZACIONAL

Capítulo 1 Comportamento individual, 29

Capítulo 2 Valores, 30

Capítulo 3 As diferenças culturais entre os países, 33

Capítulo 4 Atitudes, 34

Capítulo 5 Formação das atitudes, 35

Capítulo 6 Principais atitudes relacionadas ao trabalho, 35

Capítulo 7 Afeto e humor nas organizações, 37

Capítulo 8 Concepção do ser humano, 38

Capítulo 9 Determinantes da personalidade, 38

Capítulo 10 Traços de personalidade, 39

Capítulo 11 Indicador de Tipos Myers-Briggs, 40

Capítulo 12 Outros tipos de personalidade no trabalho, 40

Capítulo 13 Emoções, 41

Capítulo 14 Tipos de emoções, 42

Capítulo 15 Emoções e comportamento organizacional, 42

Capítulo 16 Percepção, 43

Capítulo 17 Processo básico de percepção, 43

Capítulo 18 Percepção e atribuição, 44

Capítulo 19 Tomada de decisão, 44

Capítulo 20 Tipos de decisão, 45

Capítulo 21 O modelo racional de tomada de decisão, 45

Capítulo 22 Racionalidade limitada, 46

Capítulo 23 Fatores comportamentais na tomada de decisão, 46

Capítulo 24 Motivação, 47

Capítulo 25 Como utilizar as teorias motivacionais, 53

Glossário, 55

1. Comportamento individual

Como já estudado na Unidade 1, uma organização é composta por pessoas, e cada pessoa é um ser único. Embora possam ter muitas características comuns, como a linguagem, por exemplo, as diferenças existem – personalidade, critérios para tomada de decisão, valores etc. A combinação do que é semelhante com as especificidades ou diferenças de cada pessoa é o que determinará o comportamento individual.

Pense nas pessoas que interagem entre si nas organizações. Todas agem de maneira distinta. Cada um tem as suas "diferenças", que explicam determinados comportamentos observados.

Como explicar as diferenças individuais? Para responder a essa pergunta, alguns princípios básicos precisam ser estudados.

- **Capacidade**. As pessoas possuem capacidades diferentes. Essas capacidades podem se constituir em um aspecto que o ajudará em sua carreira profissional, ou poderá se tornar um impedimento para uma eventual promoção. Não é comum admirarmos uma pessoa que sabe falar em público ou que tem facilidade com a matemática? Em algumas situações ou momentos de nossa vida, não somos induzidos a procurar por treinamento, curso ou mesmo apoio profissional externo para desenvolvermos ou aprimorarmos uma ou algumas de nossas capacidades visando aumentar nossa chance de reconhecimento pela organização?

- **Necessidades e expectativas**. As pessoas são movidas para que possam atender aos seus desejos ou às suas necessidades. A relação necessidade *versus* motivação será detalhada nesta unidade. As pessoas se mobilizam para atender a uma necessidade ou a algumas necessidades. Atendidas essas necessidades, novas surgem e passam pelo mesmo processo. O comportamento individual é influenciado durante o período em que se busca atender a uma necessidade e, mesmo ao final, por exemplo, causar sensação de bem-estar, se a necessidade foi satisfeita, ou de frustração, caso contrário. Ressalta-se que o tempo para se atender a uma necessidade pode variar muito. Temos necessidades que são atendidas rapidamente – assistir a uma apresentação teatral –, e outras que demoram mais tempo, como adquirir um imóvel.

- **Percepções e emoções**. Nosso comportamento é influenciado pela nossa percepção em dada situação, que, por consequência, determinará nossas emoções. A percepção é um processo que utilizamos para compreender o que acontece no entorno. Como é um processo, pode ser aprimorada e melhorada. Podemos ter percepções distorcidas da realidade, que influenciam negativamente o nosso comportamento. Por uma percepção equivocada tomamos ações que acreditamos que causarão uma reação ou uma emoção positiva em uma pessoa, quando, na realidade, causa um comportamento hostil e inesperado, como raiva ou desprezo. Esse mesmo tipo de **problema** acontece com as organizações. Por um "erro" de percepção elas podem adotar políticas ou práticas que acreditam promover um comportamento positivo em seus funcionários – contribuindo para o aumento da motivação e da satisfação no trabalho – e o resultado que observam, posteriormente, são funcionários desmotivadas e com baixa produtividade. Os conceitos e mecanismos para lidar com a percepção e com as emoções serão discutidos mais adiante nesta unidade.

- **Comportamento: função da interação pessoa *versus* ambiente**. O psicólogo alemão Kurt Lewin desenvolveu a Teoria de Campo, que estabelece que o comportamento (C) é uma função (F) da pessoa (P) e do ambiente (A): C = F (P, A). Segundo a fórmula, a pessoa (P) e o ambiente (A) possuem uma relação de dependência. Para entender e prever o comportamento de uma pessoa é preciso considerá-la em seu ambiente. Assim, se a organização criar um ambiente adequado poderá aumentar a satisfação no trabalho. No entanto, para criar este tipo de ambiente é preciso conhecer bem as pessoas que nele convivem.

As diferenças individuais também podem ser explicadas em termos de aptidões físicas (altura, peso, força muscular etc.); de aptidões cognitivas (inteligência, facilidade de aprendizado, habilidade quantitativa etc.); sexo e gênero; idade e história de vida; etnia.

Como vimos na Unidade 1, a diversidade da força de trabalho está presente nas organizações e tem como base as diferenças individuais. Lembramos que se a diversidade for bem administrada poderá trazer excelentes resultados para a organização.

2. Valores

Nossos comportamentos, decisões e ações são decorrentes dos nossos valores. São eles que nos ajudam a escolher entre o que é certo e o que é errado. Eles têm a função de orientar nosso comportamento em um determinado ambiente ou organização. Os valores possuem atributos que ajudam a entender o comportamento das pessoas: a importância que aquele valor tem para uma determinada pessoa e o grau dessa importância – o quanto ele é importante.

Por que uma pessoa preza mais a liberdade do que outra? Porque, para ela, "liberdade" é um valor importante, enquanto que, para outra pessoa, talvez não seja. Quando passamos a hierarquizar o valor de uma pessoa segundo a importância que lhes atribui, teremos o sistema de valores dessa pessoa.

Se a pessoa acredita na meritocracia como forma de reconhecimento e crescimento profissional e, na empresa em que trabalha o reconhecimento se dá por fatores subjetivos, como simpatia da chefia, por exemplo, certamente ficará desapontada. Situações como esta ilustram como os valores são importantes para o estudo do comportamento organizacional. É importante que a organização divulgue seus valores para que os funcionários possam se orientar e apresentar o comportamento adequado. Essa deve ser uma preocupação da organização que deverá começar no processo de recrutamento e seleção. Pessoas cujos valores pessoais sejam próximos aos valores da organização serão mais felizes e produtivas.

Os **valores** podem ser classificados em duas categorias: terminais e instrumentais. Os valores terminais referem-se aos objetivos e metas de uma pessoa. Os valores instrumentais referem-se aos comportamentos e os meios utilizados para se alcançar os objetivos e metas. Vamos supor que uma pessoa tenha como objetivo desfrutar de uma vida confortável. Para alcançar esse objetivo, deverá dedicar-se ao trabalho e às aspirações para melhorar seu padrão de vida. Nesse exemplo temos a "vida confortável" como valor terminal e "dedicação ao trabalho" e "aspirações para melhorar seu padrão de vida" como valores instrumentais.

Um dos grandes desafios da área de recursos humanos nas organizações atuais é lidar com o chamado "conflito de gerações".

Hoje, pessoas de diferentes faixas etárias e criadas em épocas diferentes apresentam valores diferentes, portanto, apresentam comportamentos distintos, embora convivam dentro de uma mesma organização. Aí está o desafio. Como motivá-las, como estabelecer um vínculo de lealdade entre pessoas e a empresa,

como retê-las? As respostas a essas questões podem ser obtidas com a ajuda do estudo do comportamento organizacional.

Estudos realizados dividem as gerações em quatro grupos distintos:

- os **pré-boomers**: nascidos até 1945. Cresceram entre duas guerras mundiais e receberam uma educação rígida. Suas principais crenças eram a dedicação ao trabalho e o respeito à autoridade;
- os **boomers**: nascidos entre 1945 e 1965. Trouxeram como características marcantes a liberdade e romperam com diversos padrões sociais;
- a **geração X**: nascidos entre 1965 e 1980. Nasceram em uma época em que várias mudanças já haviam ocorrido, tais como a globalização, a inserção da mulher no mercado de trabalho e o acesso mais fácil à tecnologia;
- a **geração Y ou *Millennials***: nascidos após 1980. Têm facilidade no uso da tecnologia – já nascem plugados, valorizam a diversidade e a responsabilidade socioambiental, têm expectativas de alcançar rapidamente a ascensão profissional. São tidos como impacientes.

O Quadro 1 apresenta alguns dos valores característicos de cada geração.

Quadro 1 – Valores das diferentes gerações

Valores	Pré-boomers	Boomers	Geração X	Geração Y
Atitude no trabalho	Faça!	Tem de ser significativo	Paga a conta	Tem de ser divertido
Comunicação	Formal	Pessoal	Direta e pessoal	Eletrônica e frequente
Feedback	A falta de notícias é boa notícia	Uma vez ao ano, documentando-o	Frequente e mútuo	Agora e sempre, com reforço positivo
Ética no Trabalho	Trabalhe duro e guarde dinheiro

O que é diversão? | Trabalhe duro e se divirta duro

Preocupação com dinheiro | Trabalhe duro se não interferir na diversão

Guarde dinheiro | Faça os outros pagar

Guarde dinheiro |
| **Equilíbrio** | Viva para trabalhar

Aposente-se bem | Contribuição notada | Será compensada? | Viva primeiro, trabalhe depois |
| **Recompensa** | Satisfação com o trabalho bem feito | Poder, dinheiro, títulos e símbolos de status | Liberdade e flexibilidade | Trabalho significativo |

Fonte: Autor.

3. As diferenças culturais entre os países

Geert Hofstede, apud Griffin & Moorhead (2014), realizou uma pesquisa envolvendo mais de 100 mil funcionários de uma multinacional americana para identificar quais eram os valores, relativos ao trabalho, predominantes neste grupo. A análise dos dados e os resultados da pesquisa permitiu-lhe agrupar os valores citados em cinco dimensões, que, segundo Hofstede, caracterizam a cultura de um país.

O Quadro 2 apresenta uma síntese dessas dimensões:

Quadro 2 – Dimensões da cultura de um país

Dimensão	Significado
Individualismo *versus* coletivismo	O individualismo existe quando as pessoas de um país definem a si mesmos como primariedades individuais e não como parte de um ou mais grupos ou organizações. O coletivismo é caracterizado por estruturas sociais em que as pessoas priorizam o grupo ou a organização a que pertencem.
Distância do poder	Distância do poder é a medida em que as pessoas aceitam como normal uma distribuição desigual de poder.
Aversão à incerteza	Aversão à incerteza é a medida em que as pessoas se sentem ameaçados por situações desconhecidas e preferem situações claras e inequívocas.
Masculinidade *versus* feminilidade	Masculinidade, que pode ser chamado com mais precisão como assertividade ou materialismo, é a medida em que os valores dominantes na sociedade enfatizam a agressividade e a aquisição de dinheiro e outros bens, em oposição à preocupação com as pessoas, com as relações entre as pessoas e com a qualidade de vida, que caracterizam a feminilidade.
Longo prazo *versus* curto prazo	Valores de longo prazo privilegiam o futuro, os projetos com maturação mais longa, a persistência e a parcimônia. Valores de curto prazo são mais orientados para o passado e o presente, incluindo o respeito às tradições e obrigações sociais.

Utilizando uma escala em que 0 (zero) significa extremante baixo, para a dimensão analisada, e 100 (cem) extremamente alto, segundo a pesquisa de Hofstede, o Brasil ocupa as seguintes posições, conforme o Quadro 3:

Dimensão	Posição
Individualismo *versus* coletivismo	Entre 26° e 27°
Distância do poder	14°
Aversão à incerteza	Entre 21° e 22°
Masculinidade *versus* feminilidade	76°
Longo prazo *versus* curto prazo	6°

Para entender esse posicionamento, se considerarmos a dimensão *distância do poder*, a cultura brasileira valoriza uma grande distância hierárquica, isto é, se considerarmos a aplicação desse valor em uma organização, encontraremos muitos níveis hierárquicos. Outra forma de avaliar este valor é comparando a diferença que existe entre o maior e o menor salário pago em uma organização. Em algumas organizações brasileiras essa distância chega a 40 vezes.

ATENÇÃO! Uma empresa multinacional que opera em diferentes países precisa considerar essas dimensões para melhor entender o comportamento de seus funcionários.

4. Atitudes

O comportamento de uma pessoa em uma organização pode ser afetado por suas atitudes. São as atitudes que nos ajudam a entender ou conhecer o comportamento das pessoas. Quando alguém diz que "está insatisfeito com a remuneração que recebe" está, na verdade, expressando sua atitude em relação à remuneração que recebe.

Afinal, o que é uma atitude? **Atitude** é uma complexa combinação de crenças e sentimentos que uma pessoa dispõe para expressar avaliações ou julgamentos sobre ideias, situações ou outras pessoas.

5. Formação das atitudes

As atitudes de uma pessoa são formadas por variadas forças, incluindo os seus valores pessoais, suas experiências e a sua personalidade. A estrutura das atitudes é constituída por dois componentes: o cognitivo e o afetivo. O componente cognitivo está associado ao conhecimento, crença ou opinião sobre uma ideia, objeto, pessoa ou situação. O componente cognitivo é a base crítica do outro componente da atitude: o componente afetivo. O componente afetivo está associado às emoções sobre um objeto, pessoa ou situação. O componente comportamental de uma atitude irá determinar a intenção de se comportar ou agir frente a uma situação, pessoa ou objeto. A Figura 4 ilustra a relação entre esses três componentes.

Figura 4 – Formação

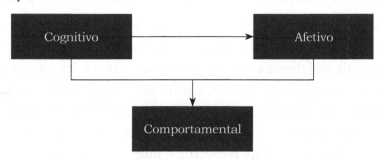

Fonte: adaptado de Griffin & Moorhead, 2014.

Diante do que foi exposto, podemos presumir que, se conhecemos as atitudes de uma pessoa em relação a uma determinada situação, podemos prever seu comportamento? Como estamos falando de seres humanos essa afirmação nem sempre é verdadeira. Quando uma pessoa apresenta uma incompatibilidade ou contradição entre duas ou mais atitudes, ou entre uma atitude e um comportamento, está sob o "efeito" da **dissonância cognitiva**. Traduzindo para nossa linguagem popular seria mais ou menos algo como "diz uma coisa e faz outra". Conhecer a dissonância cognitiva ajuda as organizações na previsão da predisposição de seus funcionários às mudanças.

> *PARA SABER MAIS! Conheça a experiência que serviu de base para a construção da teoria da dissonância cognitiva acessando o vídeo no YouTube "Dissonância Cognitiva – Leon Festinger". Disponível em: <http://www.youtube.com/watch?v=WvxgW4vUSc>. Acesso em: 07 fev. 2015.*

6. Principais atitudes relacionadas ao trabalho

As pessoas nas organizações apresentam muitas e diferentes atitudes sobre diversas coisas. Atitudes, favoráveis ou não, referentes à remuneração, promoção e liderança são comumente percebidas em empregados de uma empresa. Dentre esse imenso conjunto de possíveis atitudes, estudaremos as mais importantes relacionadas ao trabalho: envolvimento com o trabalho, comprometimento organizacional e a satisfação com o trabalho.

O envolvimento com o trabalho refere-se ao grau de identificação psicológica que uma pessoa tem em relação ao trabalho que desenvolve e como o seu desempenho pode ser um fator de valorização pessoal.

O comprometimento organizacional reflete uma identificação da pessoa com a organização, resultando em um sentimento de apego ou de pertencimento. Pesquisas recentes evidenciam que existe uma fraca correlação entre comprometimento organizacional e produtividade. É uma informação curiosa, pois o senso comum diz que uma pessoa "comprometida" com a organização é mais produtiva.

Como estudamos na Unidade 1, a satisfação no trabalho significa sentir uma forte identificação com o que o trabalho proporciona ao indivíduo, que pode ir desde o alcance de objetivos e valores pessoais, até as formas de recompensa. Assim, uma pessoa cuja atitude indica uma satisfação no trabalho possui sentimentos positivos em relação a ele. Visto que a satistação no trabalho é uma das atitudes que mais recebe atenção por parte das organizações e dos gestores, vamos, a seguir, abordar alguns aspectos e falar um pouco mais sobre ela.

Para saber se os funcionários estão ou não satisfeitos, que seria o primeiro passo para o conhecimento, a análise e o tratamento da satisfação no trabalho, as

organizações utilizam vários instrumentos. Podem ser utilizados instrumentos simples – como perguntar diretamente ao funcionário sobre seu grau de satisfação ou por meio de questionários que utilizem escalas que variam de "muito satisfeito" a "muito insatisfeito" – ou sofisticados, que levam em consideração aspectos como tipo do trabalho, relacionamento com superiores e/ou colegas, remuneração, perspectivas de carreira etc. Qual o melhor instrumento a utilizar? A resposta está condicionada ao nível de escolarização dos funcionários, ao porte da empresa, à diversidade dos tipos de trabalhos realizados, ao nível hierárquico e aos valores da organização. As pesquisas realizadas sobre esse tema indicam que não há evidências de que um instrumento complexo é mais eficaz do que um instrumento simples. O instrumento mais adequado é aquele que respeita as características da organização e dos seus funcionários.

O interesse e os esforços que são feitos para se medir a satisfação no trabalho tem como origem a preocupação dos gestores com o desempenho dos funcionários, uma vez que, empiricamente, se estabeleceu uma relação entre desempenho e satisfação no trabalho. As pesquisas que foram feitas para entender a correlação entre *satisfação no trabalho* e *desempenho* concentraram-se em dois objetos específicos: o indivíduo e a organização como um todo. Quando pesquisado apenas o indivíduo, os resultados indicam que o desempenho leva à satisfação. Quando pesquisada a organização como um todo, encontra-se a relação inversa: a satisfação no trabalho aumenta o desempenho. Devido às particularidades que envolvem esse tipo de pesquisa, que dificultam estabelecer a relação entre desempenho e satisfação no trabalho, os pesquisados constataram que nas organizações onde a satisfação no trabalho é alta, o desempenho também é alto.

A satisfação no trabalho também está relacionada ao absenteísmo e à rotatividade, conceitos que já estudamos na Unidade 1. Colaboradores satisfeitos, normalmente, faltam menos ao trabalho e tendem a sair menos das organizações. Porém, devemos considerar que tanto o absenteísmo como a rotatividade são influenciados por outros fatores relacionados ao trabalho e pelas políticas e práticas de gestão de recursos humanos adotadas pelas organizações. Temos que tomar alguns cuidados com essa análise, pois quando nos deparamos com um absenteísmo alto em uma organização, por exemplo, a causa pode não ser, exclusivamente, a satisfação no trabalho.

7. Afeto e humor nas organizações

Estudos recentes renovaram o interesse no componente afetivo da atitude, uma vez que, conforme já estudamos, ele afeta as nossas emoções. Nessa nova abordagem, que complementa as anteriores, as pessoas são classificadas em dois grupos: pessoas que possuem afetividade positiva e pessoas que possuem afetividade negativa. Pessoas que possuem afetividade positiva são mais otimistas, apresentam sensação geral de bem-estar e veem as coisas de uma forma positiva.

8. Concepção do ser humano

A concepção do ser humano pode ser analisada sob a luz de várias disciplinas, como psicologia, antropologia ou filosofia. Nesta Unidade, a concepção do ser humano a partir dos conceitos da psicologia, principalmente, naquilo que ela trata como personalidade, será abordada.

Segundo Vecchio (2008), personalidade pode ser definida como traços e características individuais de longa duração, formadores de um padrão que distingue uma pessoa das demais. Essa definição pressupõe que esses traços de personalidade perduram por muito tempo. Isso faz com que as mudanças que os indivíduos experimentam, ao longo de suas vidas, ocorram gradual e lentamente.

9. Determinantes da personalidade

Há três fatores que podemos utilizar para explicar o que determina a personalidade de um indivíduo. De acordo com Vecchio (2008), o primeiro fator considera que a personalidade é determinada, em grande parte, na concepção, envolvendo cada conjunto único de genes. Segundo esse entendimento, os traços de personalidade, por exemplo, introversão ou extroversão, são determinados de forma muito parecida com a altura ou cor dos olhos. Essa explicação foi resultante de estudos realizados com gêmeos idênticos criados por famílias diferentes e, em algumas situações, que residiam em locais muito diferentes. Observou-se que apesar dessas condições os gêmeos possuíam muitos traços comuns, tais como, estilo de se vestir, preferências por certos tipos de comida, hábito de fumar etc.

O segundo fator aponta que a personalidade pode ser determinada em função das características ambientais. A cultura da sociedade em que o indivíduo é criado, constituída por valores, normas e regras, influencia a personalidade de um indivíduo. A família, a escola, o clube esportivo e a igreja também são agentes do ambiente que contribuem para determinar a personalidade.

Segundo Vecchio (2008), para a maioria dos estudiosos, o debate entre hereditariedade e ambiente é concluído pelo reconhecimento da importância de ambos como determinantes da personalidade. A hereditariedade pode predispor um indivíduo a certos padrões de comportamento, ao passo que as forças ambientais podem ser responsáveis por padrões de ação mais específicos. Ambos os conjuntos de fatores são necessários para um reconhecimento mais abrangente do comportamento individual.

Um terceiro fator utilizado por especialistas para explicar o que determina a personalidade de um indivíduo é o fator situação. Segundo Vecchio (2008), as situações com as quais uma pessoa se depara podem moldar e alterar seus traços de personalidade.

À medida que um indivíduo acumula experiências em sua vida, sua personalidade vai mudando. A facilidade e o tempo para realizar essa mudança de personalidade pode variar em função da idade. Pessoas com mais idade tendem a apresentar mais resistência à mudança ou, quando aceitam mudar, o processo é mais lento.

10. Traços de personalidade

Os estudos realizados pela Psicologia para entender a estrutura da personalidade identificaram milhares de traços e dimensões para explicar as diferenças entre as pessoas. Recentemente, pesquisadores identificaram cinco traços básicos de personalidade que são especialmente relevantes para as organizações. Esses traços são normalmente chamados de *Big Five,* compostos por cinco fatores:

- **simpatia ou amabilidade**: refere-se à maneira como o indivíduo considera os demais, busca harmonia, coopera e confia nos outros;

- **conscientização**: refere-se ao número de metas no qual um indivíduo foca. Indivíduos que se concentram em poucas metas ao mesmo tempo, tendem a ser organizados, sistemáticos, cuidadosos, confiáveis, orientados ao sucesso e aceitam responsabilidade;

- **estabilidade emocional**: refere-se à maneira com que as pessoas lidam com as situações mais estressantes. Indivíduos com baixa estabilidade emocional tendem a experimentar emoções desagradáveis como, raiva, ansiedade, depressão e sentimentos de vulnerabilidade. Indivíduos com alta estabilidade emocional são mais calmos, **resilientes** e seguros;

- **extroversão**: indivíduos extrovertidos são sociáveis, comunicativos, assertivos e sempre estão criando novos relacionamentos. Os indivíduos introvertidos são muito menos sociáveis, comunicativos, assertivos e têm dificuldades em criar novos relacionamentos; e

- **curiosidade ou abertura para experiências**: indivíduos com alto nível de abertura estão dispostos a ouvir sobre novas ideias e a mudar suas próprias ideias, crenças e atitudes em resposta a novas informações. São indivíduos imaginativos, com senso artístico e curiosidade intelectual.

O *Big Five* continua a atrair a atenção tanto de pesquisadores como de gerentes. A razão principal é que ele engloba um conjunto integrado de traços que podem ser úteis para prever determinados comportamentos em situações específicas.

11. Indicador de tipos Myers-Briggs

O indicador de Tipos Myeres-Briggs é um teste psicológico que foi construído a partir dos modelos de estilos cognitivos propostos por Carl Gustav Jung. São eles: introversão *versus* extroversão; pensamento *versus* sentimento; sensação *versus* intuição; e julgamento *versus* percepção. Para saber quais são os seus estilos cognitivos o indivíduo responde um questionário de 100 questões, criadas para saber como as pessoas agem e o que sentem em determinadas situações. A tabulação das respostas resulta em uma classificação do indivíduo em cada um dos quatro estilos considerados:

- **E ou I**: Extrovertidos (comunicativos, sociáveis) *versus* Introvertidos (tímidos acanhados);
- **S ou N**: Bom senso (práticos, organizados, detalhistas) *versus* Intuitivos (criativos, preferem processos inconscientes, têm visão mais ampla);
- **T ou F**: Racionais (lidam com problemas utilizando a lógica e a razão) *versus* Emocionais (lidam com problemas utilizando suas emoções e seus valores pessoais);
- **P ou J**: Perceptivos (flexíveis, inseguros para tomar decisões) ou Julgadores (são organizados e estruturados).

PARA SABER MAIS! Acesse o site <http://www.16personalities.com/br/teste-de-personalidade>, e faça o teste para conhecer suas características de personalidade. Acesso em: 07 fev. 2015.

Um indivíduo cujo resultado da aplicação do teste indicou um tipo ENTP, por exemplo, é designado "conceitualizador". Esse indivíduo adora novas possibilidades, odeia rotina e apresenta maior probabilidade de ser um empreendedor do que um executivo corporativo.

Além de permitir um conhecimento das características de personalidade dos indivíduos, tal teste pode ser aplicado para melhorar o desempenho de um grupo.

12. Outros tipos de personalidade no trabalho

Apesar da complexidade dos modelos de personalidade, existem outros traços de personalidade que influenciam o comportamento dos indivíduos na organização. Os mais importantes são: centro de controle, autoeficácia, maquiavelismo, autoritarismo, autoestima e propensão ao risco.

- **Centro de controle**: é a medida em que as pessoas acreditam que seu comportamento tem um efeito real sobre o que acontece com elas. São pessoas que acreditam que são donas do seu próprio destino.

- **Autoeficácia**: está relacionada a quanto um indivíduo acredita que tem a capacidade para executar uma tarefa e, com isso, alcançar os resultados desejados.

- **Maquiavelismo**: o termo "maquiavelismo" deriva do nome de Nicolau Maquiavel, importante pensador que viveu no século XVI. Esse termo é utilizado para descrever indivíduos que gostam de poder e de controlar os outros. Indivíduos maquiavélicos são frios e racionais, manipulam as pessoas, mentem para atingir seus objetivos, dão pouca importância à lealdade.

- **Autoritarismo**: refere-se a quanto um indivíduo acredita que as diferenças de poder e *status* são normais dentro de um sistema social hierarquizado, como as organizações. Um indivíduo com alto autoritarismo tende a seguir rigidamente as normas, regras e valores e tem facilidade em reconhecer e obedecer a autoridade constituída.

- **Autoestima**: refere-se a quanto um indivíduo gosta de si mesmo. Por conta disso, estudos comprovaram que existe uma forte relação entre autoestima e satisfação no trabalho. Pessoas que tem elevada autoestima apresentam um grau de satisfação no trabalho maior do que aquelas que possuem baixa autoestima.

- **Propensão ao risco**: refere-se a quanto uma pessoa está disposta a correr riscos ao tomar decisões. Existe uma diferença quanto à disposição dos indivíduos em correr riscos. Indivíduos com essa propensão são rápidos na tomada de decisões. Dependendo da natureza ou do tipo de trabalho, a propensão ao risco pode ser um fator determinante para o alcance dos resultados. Você acredita que um operador da bolsa de valores teria sucesso se não gostasse de assumir riscos?

13. Emoções

É muito difícil estudar o comportamento das pessoas um uma organização sem que consideremos suas emoções. O estudo das emoções e seus impactos no comportamento dos indivíduos é relativamente novo para as organizações. As empresas foram criadas a partir de uma base racional em que pouco, ou quase nenhum, espaço havia, nesse contexto, para as emoções. Atualmente, com as mudanças que ocorreram na gestão das empresas, começou-se a abrir um espaço para o estudo das emoções e para o conhecimento de como elas afetam o comportamento do indivíduo no trabalho.

As emoções são sentimentos que temos em relação a alguém ou a alguma coisa. Demonstramos nossas emoções quando estamos felizes por ter alcançado um objetivo, ou tristes por perdemos alguém que nos era muito querido. As empresas têm procurado adaptar seus sistemas e instrumentos de gestão de recursos humanos para identificar e tratar o impacto das emoções no ambiente de trabalho. Por exemplo, um funcionário que tem de atender ao cliente com simpatia e cortesia, está sujeito a um esforço emocional considerável.

Foram identificadas seis emoções universais: felicidade, surpresa, medo, tristeza, raiva e desagrado.

14. Tipos de emoções

Podemos classificar as emoções em dois tipos: as emoções sentidas e as emoções percebidas.

> *ATENÇÃO! No ambiente de trabalho devem prevalecer as emoções demonstradas. Nem sempre é o lugar adequado para manifestações espontâneas de nossas emoções.*

Emoções sentidas são aquelas que representam, naturalmente, os sentimentos dos indivíduos, ou seja, são espontâneas. Emoções percebidas ou demonstradas são aquelas que passam por um "filtro", são aprendidas e, portanto, não são espontâneas. Aquele vendedor de uma loja que está sempre sorrindo, esse sorriso é a expressão de uma emoção sentida ou de uma emoção demonstrada? A resposta a essa pergunta não é tão simples. Podemos ter um vendedor que, espontaneamente, gosta de receber o cliente com um sorriso, ou aquele que, por força do trabalho, estampa um sorriso aprendido, pois acredita que receber o cliente de outra forma poderia dificultar o atendimento.

15. Emoções e comportamento organizacional

O estudo e o conhecimento das emoções dos indivíduos têm várias aplicações no campo do comportamento organizacional.

- **Recrutamento e seleção**: durante as diferentes etapas do processo de recrutamento e seleção são aplicados instrumentos de investigação utilizados para avaliar como os indivíduos lidam com suas emoções, prevendo como ele se comportará quando estiver exercendo as atribuições do cargo para o qual está sendo selecionado.

- **Decisão**: as emoções podem influenciar as nossas decisões. Quando um indivíduo está com medo, normalmente, decide de forma diferente daquela que decidiria se estivesse feliz.

- **Liderança**: as emoções demonstradas pelo líder influenciam a equipe. A manifestação de segurança e otimismo por parte do líder pode contagiar sua equipe.

- **Conflitos entre as pessoas**: é nos momentos de conflito que devemos ter cuidado com as emoções sentidas. Sua manifestação pode criar um clima desfavorável à solução do conflito.

- **Motivação**: como veremos mais adiante nesta unidade, a motivação tem um componente emocional. Pesquisas indicam que funcionários felizes são mais comprometidos com a organização.

16. Percepção

Percepção pode ser definida como um processo pelo qual um indivíduo se torna consciente e interpreta as informações sobre o meio ambiente. É outro elemento importante para entender o comportamento no local de trabalho. A percepção pode ser diferente de indivíduo para indivíduo e também do indivíduo em relação à realidade. O estudo da percepção é fundamental, porque o comportamento das pessoas resulta na percepção que elas têm da realidade e não da realidade em si. As pessoas muitas vezes assumem que a realidade é objetiva e que todos nós percebemos as mesmas coisas da mesma maneira.

A percepção do indivíduo pode ser influenciada por três fatores que estão associados à situação, ao observador e ao objeto da percepção. O momento, o ambiente físico e as relações sociais envolvidas correspondem ao fator situação. A trajetória de vida, os desejos e interesses, as atitudes, a idade e os valores correspondem ao fator observador. As dimensões, cores, sons e imagens correspondem ao fator objeto.

17. Processo básico de percepção

Encontramos dois processos básicos de percepção que são particularmente relevantes para os gerentes de uma organização: a percepção seletiva e a estereotipagem. Esses dois processos representam a simplificação do processo de percepção, principalmente quando fazemos julgamento sobre os outros. A percepção seletiva representa as características as quais damos mais importância quando estamos percebendo alguma coisa. Por exemplo, um gestor que gosta de um determinado funcionário, por acreditar que ele alcança um bom desempenho, pode fazer vistas grossas quando este mesmo funcionário apresenta algum comportamento ou atitude que contraria a percepção do gerente. A estereotipagem é outro processo segundo o qual nossa percepção se deixa influenciar – generalizações ou pressupostos que fazemos sobre características ou comportamentos dos indivíduos ou grupos – principalmente quando temos muitos aspectos a considerar para emitir uma opinião ou julgamento. Alguns exemplos de **estereótipos** que encontramos nas organizações: "os trabalhadores com mais idade têm dificuldade em lidar com as novas tecnologias", "os jovens da geração Y são impacientes".

18. Percepção e atribuição

A teoria da atribuição ampliou nossa compreensão de como a percepção afeta o nosso comportamento nas organizações. Sugere que após observarmos um comportamento, em seguida, atribuímos causas a ele. A determinação da causa de um comportamento depende de três fatores: diferenciação, consenso e consistência. Diferenciação explica se um mesmo indivíduo se comporta da mesma forma nas diferentes situações. O consenso representa quanto outras pessoas na mesma situação se comportam da mesma maneira. A consistência se refere a quanto a mesma pessoa se comporta da mesma maneira em momentos diferentes. Também devemos considerar que determinado comportamento pode ter causa internas – forças que são controladas pelo indivíduo – ou causas externas – o indivíduo é influenciado por forças que provêm do ambiente.

A Figura 5 ilustra o processo de atribuição.

Figura 5 – Processos de atribuição

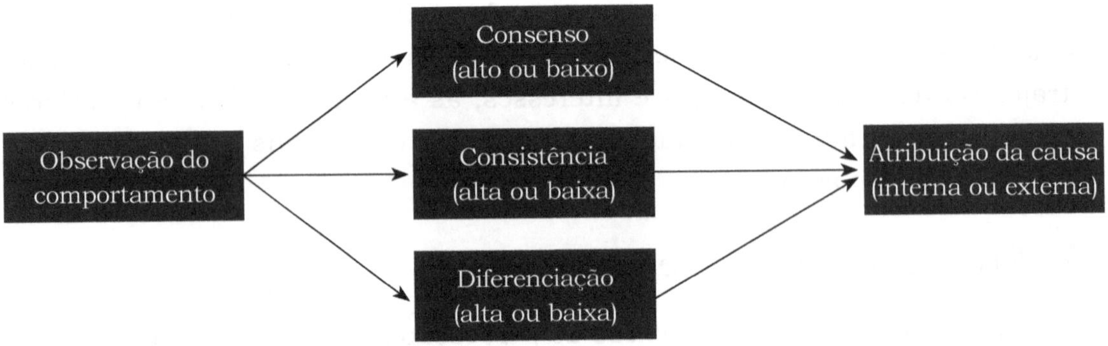

Observação do comportamento → Consenso (alto ou baixo); Consistência (alta ou baixa); Diferenciação (alta ou baixa) → Atribuição da causa (interna ou externa)

Fonte: Autor, adaptado de Griffin & Moorhead, 2014.

19. Tomada de decisão

Em nossa vida cotidiana somos obrigados a tomar decisões. Você já parou para pensar e contar quantas decisões toma por dia? "Com que roupa vou para o trabalho?", "Qual o meio de transporte que vou utilizar?", "Em qual restaurante vou almoçar?", "O que vou comer?". As decisões também são necessárias para o exercício de uma função na organização. Afinal, o que é uma decisão? Uma decisão é uma escolha entre duas ou mais alternativas. As decisões estão associadas à solução de problemas. Problema pode ser entendido como a diferença entre o que esperávamos que acontecesse e o que efetivamente aconteceu.

20. Tipos de decisão

Existem dois tipos básicos de decisão: as programadas e as não programadas. As decisões programadas obedecem à algumas regras que foram previamente estabelecidas pela empresa para solução de determinados problemas. Por exemplo, quando um voo foi cancelado ou está muito atrasado, a empresa de transporte aéreo providencia a transferência dos passageiros do aeroporto para um hotel, para que possam aguardar mais confortavelmente por um novo horário do voo. Este é um exemplo de decisão programada. As decisões não programadas são aquelas aplicadas aos problemas que não haviam acontecido anteriormente. Normalmente, as decisões não programadas requerem que se faça um exercício de julgamento e o uso da criatividade.

21. O modelo racional de tomada de decisão

O modelo racional de tomada de decisão sugere que os gerentes sigam, passo a passo, um processo sistemático. Esse processo permite que sejam feitas escolhas conscientes e lógicas, visando a maximização de recursos e obedecendo a certos limites. O modelo racional de tomada de decisão é composto por oito passos.

1. **Identificação do problema**: o problema está bem delimitado, não há dúvidas sobre sua natureza.

2. **Determinar o tipo de decisão**: em função da identificação do problema, se escolhe que tipo de decisão tomar – programada ou não programada.

3. **Gerar alternativas**: o responsável pela decisão deverá elaborar uma lista de possíveis alternativas para o problema.

4. **Escolha das alternativas**: neste passo o responsável pela decisão deverá analisar criticamente cada uma das alternativas considerando os critérios que foram estabelecidos.

5. **Escolha de uma alternativa**: neste passo o responsável pela decisão deverá escolher a alternativa que poderá resolver o problema.

6. **Implementar o plano**: o responsável pela decisão deverá elaborar um plano de ação para que a alternativa escolhida possa ser implementada.

7. **Controlar, medir e ajustar**: a implantação do plano de ação para a alternativa escolhida deve ser controlado. Os resultados devem ser medidos e comparados para que se verifique se estão dentro dos objetivos estabelecidos.

8. **Pontos fortes e pontos fracos**: o modelo racional de tomada de decisão tem como pontos fortes a lógica, o passo a passo, a análise e a escolha criteriosa das alternativas, isolando as emoções envolvidas ou a pressão social. Como pontos fracos temos que a quantidade de informações disponível para os

gestores geralmente é limita pelo tempo ou por restrições de custo. Também é considerado um ponto fraco a capacidade limitada de processar as informações que os tomadores de decisão têm.

22. Racionalidade limitada

Como os tomadores de decisão não conseguem lidar com todas as informações que envolvem um dado problema, buscam a simplificação, por meio da construção de modelos que consideram os aspectos mais relevantes relacionados ao problema, podendo, assim, utilizar a razão para decidir.

23. Fatores comportamentais na tomada de decisão

O processo de tomada de decisão pode sofrer a influência de fatores comportamentais. Os mais relevantes são: intuição, escalada de comprometimento e ética no processo decisório.

Intuição: é a forma calcada na experiência de saber ou raciocinar pela qual o peso e o balanceamento das evidências são feitos automaticamente. A intuição permite que se chegue à uma conclusão sem a necessidade de se usar o processo lógico passo a passo. As abordagens racional e intuitiva devem ser componentes complementares da tomada de decisão.

Escalada de comprometimento: é o apego a uma decisão anterior a despeito de informações negativas. Explica-se a escalada de comprometimento pelo fato das pessoas quererem manter certo grau de coerência entre o que dizem e o que fazem. Esse apego de se manterem coerentes tem limites. Nem sempre as decisões que deram certo no passado garantirão o sucesso quando aplicadas a novas situações.

Ética no processo decisório: a análise de questões e implicações éticas na tomada de decisão fazem parte hoje das preocupações de executivos do mundo inteiro. Mas o que é uma decisão ética, uma vez que pode variar de cultura para cultura? Para tomar uma decisão ética um executivo pode se basear em três critérios:

- Priorizar o melhor resultado que atinja o maior número de pessoas. Esse critério também é conhecido como utilitarismo;
- Tomar decisões que respeitem os direitos e liberdades fundamentais dos cidadãos;
- Agir com imparcialidade ao estabelecer e fazer cumprir regras onde prevaleçam a justiça e o equilíbrio entre custos e benefícios.

As diferenças individuais como personalidade, gênero e idade podem interferir no processo de tomada de decisões. Por exemplo, dado um determinado problema, um homem pode tomar uma decisão diferente de uma mulher; ou um jovem decidir de forma diferente de um indivíduo de mais idade. Não cabe aqui fazer juízo de valor. As decisões serão melhores ou piores em decorrência dos resultados que produzirão e não por que a pessoa que a tomou foi um homem ou uma mulher, por exemplo.

24. Motivação

Pensando no seu trabalho, você se considera um indivíduo motivado? Por que as empresas mobilizam uma grande quantidade de recursos para motivar os seus colaboradores? Você acredita que a empresa realmente os motiva? As respostas a estas perguntas poderão ser encontradas ao longo deste texto.

Motivação é um processo que combina esforços para mobilizar e sustentar o comportamento, cujo objetivo principal é alcançar os resultados estabelecidos. Em outras palavras, atingir ou superar os padrões de desempenho determinados pela organização.

O desempenho de um indivíduo pode sofrer influência de três fatores: motivação, capacidade e fatores técnicos. A motivação pode abranger a vontade de querer fazer o que deve ser feito para se atingir os resultados, a mobilização para o atendimento de nossas necessidades individuais, os desafios do cargo que ocupamos e os estímulos ou pressões que recebemos do ambiente. A ca-

pacidade considera o domínio das competências requeridas para o exercício do cargo. Os fatores técnicos abrangem máquinas, equipamentos, ferramentas etc., que utilizamos para a realização do nosso trabalho.

> *ATENÇÃO! Competência pode ser entendida como o conjunto de conhecimentos (saber), habilidades (saber fazer) e atitudes (querer fazer) que um indivíduo deve dominar para alcançar os objetivos e metas estabelecidas.*

Muito se estudou e ainda se estuda sobre a motivação. Foram desenvolvidas diversas teorias para auxiliar os gerentes a "motivar seus empregados". A seguir, algumas das principais teorias motivacionais.

I) Hierarquia das necessidades de Maslow

O psicólogo americano Abraham Maslow elaborou uma teoria que vincula a motivação ao atendimento das necessidades essenciais de um indivíduo. A teoria divide as necessidades em cinco grupos:

1. **fisiológicas**: é o nível mais básico de necessidades do ser humano. São classificadas como fisiológicas as necessidades de alimento, água, abrigo, calor e ausência de dor;
2. **segurança**: relacionam-se à obtenção de um ambiente seguro, no qual uma pessoa se encontre livre de ameaças e protegida de agressões físicas ou emocionais;
3. **sociais**: uma pessoa que se sente razoavelmente segura e protegida, provavelmente apresentará um terceiro conjunto de necessidades, que inclui afeto, amor, amizade e sentimento de pertencer a um grupo;
4. **estima**: as necessidades de estima incluem o desejo de realização, prestígio e reconhecimento, bem como de apreço e atenção;

5. **autorrealização**: incluem o desejo de autossatisfação, crescimento e autodesenvolvimento.

Segundo Vecchio (2008), uma das premissas básicas de Maslow era que, as cinco categorias de necessidades seguiam um ordenamento hierárquico, em termos de potência. Primeiro, precisa-se atender às necessidades mais básicas para, depois, dedicar-se às demais. Maslow utilizou uma pirâmide para demonstrar sua teoria.

Figura 6 – Pirâmide das necessidades de Maslow

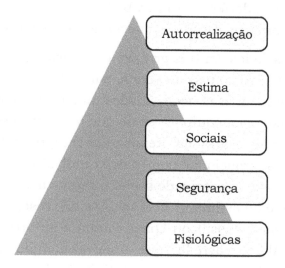

Fonte: Autor.

II) Teoria X e Teoria Y

O psicólogo social americano Douglas McGregor foi o criador da Teoria X e da Teoria Y. Essas teorias se baseiam em duas dimensões distintas do ser humano: uma negativa e a outra positiva. Segundo a Teoria X, os seres humanos não gostam de trabalhar, precisam ser controlados e são avessos a assumir responsabilidades. No entanto, para a Teoria Y, o ser humano entende que o trabalho é tão natural quanto qualquer outra atividade que lhe dá prazer e, estando comprometido com as suas metas, se auto-orienta e se autocontrola.

Se compararmos a teoria de McGregor com a de Maslow, podemos concluir que a Teoria X corresponde às necessidades dos níveis mais baixos encontradas na teoria de Maslow, enquanto que a Teoria Y corresponde às necessidades de nível mais elevado propostas por Maslow.

III) Teoria dos dois fatores

Frederick Herzberg foi o psicólogo que desenvolveu a teoria dos dois fatores: higiênicos e motivacionais. Os fatores higiênicos estão relacionados à remuneração, supervisão técnica, condições de trabalho, políticas administrativas e procedimentos da empresa, relações interpessoais com colegas, superiores e subordinados. Os fatores higiênicos não motivam os funcionários, mas se não forem atendidos poderão gerar insatisfação no trabalho. Faz parte dos fatores motivacionais: realização, reconhecimento, responsabilidade, oportunidade de progresso ou promoção, potencial para crescimento pessoal. Herzberg sugere que se a organização focar nos fatores motivacionais terá mais sucesso na criação de um ambiente propício à motivação de seus funcionários.

IV) Teoria ERG

O americano Clayton Alderfer fez um trabalho de revisão da teoria de Maslow, estabelecendo uma nova hierarquia de necessidades e a nomeou teoria ERG.

Ele dividiu as necessidades em três grupos: existência, relacionamento e crescimento (ou *Existence*, *Relatedness* e *Growth*, em inglês). Para Alderfer, a existência se relaciona com as nossas necessidades materiais básicas. O que Alderfer classificou como existência, equipara-se ao que Maslow classificou como necessidades fisiológicas e de segurança. Relacionamento, para Alderfer, diz respeito ao nosso desejo de se relacionar com outros indivíduos. Equipara-se ao que Maslow classificou como necessidade social e alguns aspectos externos que envolvem a necessidade de estima. A necessidade de crescimento para Alderfer é análoga ao que Maslow classificou como estima e autorrealização. Da mesma forma que Maslow, Alderfer acredita que, uma vez atendidas as necessidades de níveis mais baixos, o indivíduo busca a satisfação das necessidades de níveis mais altos. Convém lembrar que variáveis como educação, nível socioeconômico etc. podem fazer com que a importância, para cada conjunto de necessidades, varie de indivíduo para indivíduo.

V) Teoria das necessidades de McClelland

Ao estudar as necessidades predominantes no ser humano, McClelland e sua equipe concentraram seus estudos em um conjunto bem específico: necessidade de realização, necessidade de associação e necessidade de poder.

A necessidade de realização diz respeito ao desejo de realizar uma tarefa ou alcançar uma meta de forma mais eficaz do que foi feito no passado. Prioriza mais a realização pessoal do que o sucesso em si. Segundo Vecchio (2008), as pessoas com essa necessidade relativamente elevada tendem a preferir situações que envolvem risco moderado e responsabilidade pessoal pelo sucesso, em vez de sorte, e desejam *feedback* específico sobre seu desempenho.

A necessidade de associação está relacionada à necessidade do ser humano de estabelecer relacionamentos interpessoais e de ter companhia. Os indivíduos que têm elevada necessidade de associação tendem a ser acolhedoras, amigáveis e simpáticas. São mais cooperativas do que competitivas no ambiente de trabalho.

A necessidade de poder é a necessidade de controlar os recursos utilizados em um ambiente, incluindo recursos financeiros, materiais, informações e recursos humanos; é a necessidade de controlar e influenciar as pessoas. Os indivíduos que tem a necessidade de poder em um nível mais elevado gostam de comandar outras pessoas e priorizam o status. São mais competitivos do que cooperativos no ambiente de trabalho.

VI) Teoria da equidade

Pense em dois amigos que trabalham no mesmo local e têm as mesmas atribuições e responsabilidades. Um deles recebe um salário maior do que o outro. Como você se sentiria caso fosse o indivíduo que tivesse o menor salário?

O equilíbrio entre os esforços dispendidos e os resultados obtidos são comparados entre os funcionários de uma organização. A percepção de uma desigualdade pode levar os funcionários a se sentirem prejudicados e, consequentemente, frustrados e desmotivados.

A Figura 7 ilustra como ocorre a comparação da igualdade entre o funcionário A e o funcionário B.

Figura 7 – Teoria da equidade

$$\frac{\text{Resultado de A}}{\text{Recursos de A}} \quad \text{comparado com} \quad \frac{\text{Resultado de B}}{\text{Recursos de B}}$$

Fonte: adaptado de Griffin & Moorhead, 2014.

Essa comparação pode apresentar três possíveis resultados para o colaborador "A". Se o resultado obtido pelo empregado "A" for menor do que o que foi obtido pelo empregado "B", o colaborador "A" perceberá que está havendo uma injustiça por ele ser sub-recompensado. Se o resultado for o mesmo, o empregado "A" perceberá que há uma relação de igualdade. Se o resultado de "A" for maior do que o resultado de "B", o colaborador "A" perceberá que há uma injustiça sobre sua recompensa.

Para fazer a comparação, o colaborador "A" terá de escolher um ponto de referência, que poderá ser: comparar-se consigo próprio, considerando os recursos alocados e os resultados obtidos em situações semelhantes que ocorreram no passado; e comparar-se com outros funcionários, amigos ou parentes que exercem funções semelhantes. Outros elementos de comparação podem ser a política e prática utilizadas para reconhecimento por parte da organização.

Ao perceber uma injustiça, o funcionário poderá adotar uma das seguintes atitudes, conforme demonstrado na Figura 8.

Figura 8 – Atitudes sobre a percepção da igualdade ou da desigualdade

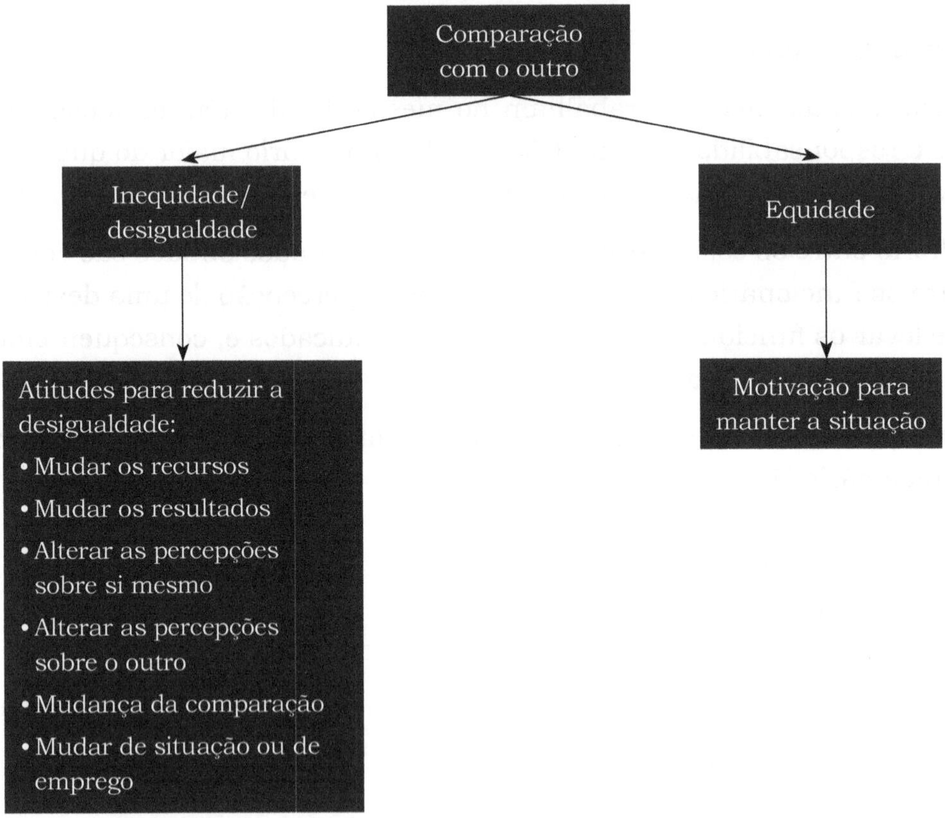

```
                    Comparação
                    com o outro
                   /            \
         Inequidade/              Equidade
         desigualdade                |
              |                      |
   Atitudes para reduzir a     Motivação para
   desigualdade:               manter a situação
   • Mudar os recursos
   • Mudar os resultados
   • Alterar as percepções
     sobre si mesmo
   • Alterar as percepções
     sobre o outro
   • Mudança da comparação
   • Mudar de situação ou de
     emprego
```

Fonte: Autor, adaptado de Griffin & Moorhead, 2014.

VII) Teoria da expectativa

A teoria da expectativa, desenvolvida por Victor Vroom, pode ser considerada um modelo de motivação mais abrangente do que o modelo da teoria da equidade.

Segundo Vecchio (2008), a teoria da expectativa representa uma tentativa de explicação da motivação do colaborador em termos da retribuição prevista. A teoria parte do princípio de que as pessoas analisam três fatores antes de decidir se o esforço que lhes é solicitado é compensador: a expectativa, a instrumentalidade e a valência.

Expectativa é a percepção individual de que o esforço acarretará o desempenho desejado. Já a **instrumentalidade** é a percepção individual da probabilidade de que o desempenho conduzirá a certos resultados. A instrumentalidade pode variar de +1 a -1, dependendo do grau em que estiver relacionado ao alcance dos objetivos finais. A **valência** é o valor atribuído para cada uma das recompensas.

A teoria da expectativa leva em consideração que as pessoas, ao decidirem se farão ou não o esforço, tomam uma decisão racional. Poderíamos pensar em definir uma fórmula que ajudasse as pessoas a decidirem sobre se o esforço vale a pena, entendendo que esse esforço seria representado pela força motivacional: FM = Expectativa x Instrumentalidade x Valência. Como trata-se de uma multiplicação de fatores, se um deles for zero, a força motivacional será zero.

VIII) Teoria da fixação de objetivos

Essa teoria tem como premissa a motivação do indivíduo condicionada ao alcance de metas e objetivos. Para que sua aplicação resulte em um nível de motivação adequado, temos alguns aspectos que são fundamentais:

- **especificidade dos objetivos** – os objetivos têm que ser específicos. Objetivos muito gerais não produzem o efeito motivacional desejado, e, às vezes, acabam dispersando esforços. Por exemplo, "Quero aumentar minha renda", é um objetivo geral. Se dissesse "vou aumentar minha renda anual em 15% até dezembro de 2015", estaria falando de um objetivo específico: o quanto quero aumentar e até quando o aumento deverá ocorrer;

- **comprometimento com os objetivos** – os objetivos devem fazer sentido para os funcionários. Eles devem acreditar que esses objetivos os ajudarão na melhoria de algum fator pessoal, como também, ajudarão a organização crescer e se desenvolver;

- **participação na fixação dos objetivos** – a fixação dos objetivos deve ser compartilhada com os funcionários, que também se sentirão como "donos" e responsáveis pelo seu alcance. Os objetivos fixados "de baixo para cima", normalmente, não entusiasmam os funcionários. Parece algo como "o objetivo é da empresa" ou "este objetivo é do gerente", portanto, a responsabilidade para atingi-los não é dos funcionários; e

- **contrapartidas em relação aos objetivos** – a organização deve propor formas de reconhecimento para estimular o esforço para que os objetivos sejam alcançados. Existem várias possibilidades de recompensar os funcionários pelo alcance dos objetivos (dinheiro, viagens, equipamentos etc.). Caberá à organização escolher, em função do perfil de seus funcionários, o tipo de recompensa mais adequado.

25. Como utilizar as teorias motivacionais

As teorias motivacionais são modelos que podem ser utilizadas para conhecer melhor os colaboradores e criar condições favoráveis que possam motivá-los. Não existe uma teoria melhor ou mais eficaz. A teoria melhor ou a mais eficaz é aquela que estará adequada ao perfil dos empregados, à cultura da organização e às habilidades e estilos de liderança dos gestores.

> *ATENÇÃO! A motivação é intrínseca ao indivíduo. A organização pode criar e oferecer condições que atendam às necessidades dos indivíduos. Esse fato, por si só, não assegurará que os indivíduos ficarão motivados.*

Lembra-se das perguntas do início deste tópico: você se considera um indivíduo motivado? Por que as empresas mobilizam uma grande quantidade de recursos para motivar seus colaboradores? Você acredita que a empresa realmente motiva seus empregados?

Depois de ter apreendido sobre motivação e as várias teorias motivacionais, é possível avaliar o seu grau de motivação em seu trabalho. Você também pode identificar o seu nível motivacional a partir do quanto as suas necessidades são atendidas – ou em função do esforço que você utiliza para alcançar padrões de desempenho e resultados elevados, ou pelos desafios que você deverá superar.

As empresas mobilizam muitos recursos para que seus funcionários sintam-se motivados e, consequentemente, satisfeitos no trabalho. Lembre-se de que a satisfação no trabalho trará muitos benefícios não só para o indivíduo, mas também, para a organização.

Por último: a empresa motiva seus colaboradores? A empresa não motiva seus empregados. A motivação é intrínseca ao indivíduo. É como se ele se automotivasse. O que a empresa procura fazer é criar um ambiente, implementar políticas e práticas e utilizar sistemas de trabalho que favoreçam à motivação.

Glossário – Unidade 2

Atitude – complexa combinação de crenças e sentimentos de que uma pessoa dispõe para expressar avaliações ou julgamentos sobre ideias, situações ou outras pessoas.

Decisão – escolha entre duas ou mais alternativas para se resolver um problema.

Dissonância cognitiva – incompatibilidade ou contradição entre duas ou mais atitudes ou entre uma atitude e um comportamento observados em uma pessoa.

Estereótipos – generalizações ou pressupostos que fazemos sobre características ou comportamentos dos indivíduos ou grupos.

Expectativa – percepção individual de que o esforço acarretará o desempenho desejado.

Instrumentalidade – percepção individual da probabilidade de que o desempenho conduzirá a certos resultados.

Intuição – forma calcada na experiência de saber ou raciocinar pela qual o peso e o balanceamento das evidências são feitos automaticamente.

Problema – discrepância entre o real e o desejável.

Resiliência – capacidade individual de lidar com problemas, superar obstáculos ou resistir à pressão em situações adversas.

Valência – valor atribuído para cada uma das recompensas.

Valores – crenças que nos ajudam a escolher entre o que é certo ou o que é errado, orientando nosso comportamento em uma organização.

UNIDADE 3
COMPORTAMENTO MESO-ORGANIZACIONAL

Capítulo 1 A natureza dos grupos, 59

Capítulo 2 Tipos de grupos, 59

Capítulo 3 Motivos para formação de grupos, 60

Capítulo 4 Estágios de formação e desenvolvimento dos grupos, 61

Capítulo 5 Fatores que afetam o desempenho do grupo, 63

Capítulo 6 Tomada de decisão em grupo, 65

Capítulo 7 Diferença entre grupos e equipes, 66

Capítulo 8 Benefícios e custos das equipes nas organizações, 66

Capítulo 9 Tipos de equipes, 67

Capítulo 10 Comunicação, 67

Capítulo 11 O processo da comunicação, 67

Capítulo 12 A direção da comunicação, 69

Capítulo 13 Métodos de comunicação, 71

Capítulo 14 Comunicação digital, 71

Capítulo 15 Liderança, 72

Capítulo 16 Gerência e liderança, 73

Capítulo 17 Como conhecer as propriedades dos líderes, 74

Capítulo 18 Estilos básicos de liderança, 74

Capítulo 19 Teoria dos traços, 74

Capítulo 20 Teorias comportamentais, 75

Capítulo 21 Poder e política nas organizações, 79

Capítulo 22 As bases do poder, 79

Capítulo 23 Política nas organizações, 80

Capítulo 24 Táticas políticas, 80

Capítulo 25 Disparates políticos ou gostar de viver perigosamente, 81

Capítulo 26 Lidar com a política organizacional, 82

Capítulo 27 Ética da política organizacional, 83

Capítulo 28 Conflito e negociação, 83

Capítulo 29 Evolução das visões dos conflitos, 83

Capítulo 30 Tipos de conflito, 84

Capítulo 31 Fontes de conflito, 84

Capítulo 32 Fatores do comportamento pessoal, 85

Capítulo 33 Estilos de gerenciamento de conflitos, 85

Capítulo 34 Negociação, 86

Capítulo 35 A negociação "ganha-ganha", 87

Glossário, 88

1. A natureza dos grupos

O que é um grupo? Segundo Vecchio (2008), um **grupo** pode ser entendido como uma reunião de duas ou mais pessoas que interagem em base contínua. Griffin & Moorhead (2014) definem grupo como dois ou mais indivíduos que interagem entre si de tal forma que as pessoas se influenciam mutuamente.

Se considerarmos essas definições, veremos que participamos de vários grupos ao desempenhar os vários papéis que temos em nossa vida.

2. Tipos de grupos

Os grupos podem ser classificados em duas grandes categorias: formais e informais.

Grupos formais, como a indicação no nome sugere, são aqueles criados pela própria organização. Os grupos formais têm objetivos, tarefas e, algumas vezes, até regras de convivência definidas pela empresa. Podem ser subdivididos em grupos de comando, grupos de tarefas e grupo de afinidade.

O grupo de comando é relativamente permanente e é caracterizado por relações de subordinação funcional, tais como as de um gerente com seus subordinados.

O grupo de tarefas é aquele com duração temporária, criado para realizar uma tarefa específica. Os grupos de solução de problemas são um exemplo de grupos de tarefas. São compostos por pessoas escolhidas pela organização para encontrarem a solução para determinado problema. O grupo é dissolvido assim que consegue resolvê-lo.

Já um grupo de afinidade é um conjunto de funcionários do mesmo nível na organização que se encontram regular e organizadamente para compartilhar informações, identificar e analisar oportunidades, bem como resolver problemas. O tempo de duração desse tipo de grupo não é necessariamente preestabelecido pela organização.

Por outro lado, grupos informais são grupos de surgem espontaneamente, sem qualquer intervenção da organização. As regras de convivência são definidas pelos seus próprios membros. Normalmente, são formados para atender as necessidades de participar de grupos, que como já estudamos, é uma das características dos seres humanos. Podem ser subdivididos em grupos de amizade e grupos de interesse.

Grupos de amizade são grupos relativamente permanentes que se organizam para que seus membros possam estabelecer relações sociais. Uma das características dos grupos de amizade é ser formado por indivíduos que apresentam algumas características comuns, como o gênero, a faixa etária, a preferências por algum esporte etc.

Grupos de interesse são aqueles de curta duração, que se formam em torno de um objetivo ou interesse comum de seus membros. Por exemplo, reivindicar junto ao gerente uma revisão de um processo, uma mudança ou melhoria no ambiente de trabalho. Quando o objetivo é alcançado, o grupo se dissolve.

Os grupos também podem ser classificados, no ambiente organizacional, como abertos ou fechados. Um grupo aberto é aquele cujos membros entram e saem constantemente, sem maiores restrições. Em contrapartida, um grupo fechado permanece relativamente estável, ou seja, as entradas e saídas ocorrem eventualmente.

3. Motivos para formação de grupos

De acordo com Vecchio (2008), de modo geral, as pessoas tomam parte de grupos por dois motivos: para realizar uma tarefa ou conquistar uma meta e satisfazer suas necessidades sociais. Estas duas razões não são, entretanto, perfeitamente distintas, porque muitas atividades satisfazem, simultaneamente, os anseios sociais além de executarem tarefas.

A seguir, as principais necessidades que levam as pessoas a formarem ou participarem de grupos:

- **Segurança e proteção**: Vecchio (2008) afirma que a participação em um grupo pode proporcionar ao indivíduo um sentimento de segurança e um grau elevado de proteção. Participar de um grupo faz com que o indivíduo sinta-se mais "forte".

- **Associação**: segundo esse mesmo autor, a aceitação por outras pessoas representa uma necessidade social importante. Sentir-se aceito pelos demais no ambiente de trabalho pode contribuir para aumentar a autoestima de alguém.

- **Estima e identidade**: os grupos também oferecem oportunidades para que um indivíduo sinta-se significante. Eles podem proporcionar *status* e criar oportunidades para elogios e reconhecimento.

- **Realização de tarefas**: um grupo consegue maior sucesso, muitas vezes, mais pelo esforço conjunto do que se seus membros trabalhassem separadamente. Na realidade, muitas metas são atingíveis somente por meio da cooperação entre os membros do grupo, conforme Vecchio (2008).

- **Atração interpessoal**: um dos fatores que leva a entrada e a permanência de um indivíduo em um grupo é a atração pessoal. Vecchio (2008) afirma que existem três principais determinantes para isso: distância física, distância psicológica e similaridade. A forma com que o espaço físico é dividido, como o fluxo de movimentação é estabelecido e a existência, ou não, de áreas de convivência podem aumentar ou diminuir as distâncias física e psicológica no local de trabalho. Esses dois fatores influenciam, principalmente, a dinâmica dos grupos informais. Nos ambientes organizacionais, percebe-se que as pessoas que possuem atitudes, valores e formas de agir similares acabam formando grupos.

4. Estágios de formação e desenvolvimento dos grupos

As pessoas e as organizações são dinâmicas e, entre outras coisas, mudam com certa frequência de necessidades. A formação e o desenvolvimento dos grupos é composta de quatro estágios, conforme ilustrado no Organograma 1: aceitação mútua; comunicação e tomada de decisão; desempenho; controle e organização.

Organograma 1 – Estágio de desenvolvimento do grupo

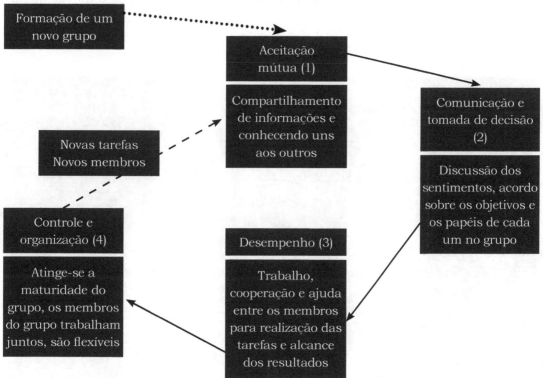

Fonte: Autor, adaptado de Griffin & Moorhead, 2014.

- **Estágio 1 – Aceitação mútua**: esse estágio marca a formação do grupo. Os membros do grupo começam a se conhecer e compartilhar informações. Os argumentos não são tão expressivos; os membros do grupo assimilam as ideias uns dos outros, compartilhando reações, conhecimento e experiência. As discussões giram em torno de experiências anteriores com outros grupos e organizações. Eventualmente, a discussão se encaminha para a definição do propósito do grupo. Quando essa discussão se torna mais acalorada, o grupo move-se para o próximo estágio.

- **Estágio 2 – Comunicação e tomada de decisão**: estágio iniciado a partir da aceitação mútua entre os membros do grupo. Aqui os membros do grupo discutem e expõem mais abertamente seus sentimentos e opiniões. São mais tolerantes quando têm de lidar com pontos de vista divergentes ou encontrar uma ideia ou solução para um problema. Começam a ser definidas e adotadas as regras e os padrões de comportamento aceitáveis pelo grupo. São definidos, também, os papéis, as tarefas e as metas que serão utilizadas para medir o desempenho do grupo.

- **Estágio 3 – Desempenho**: nesse estágio, o grupo enfatiza as atividades que irão beneficiá-lo. As questões pessoais são colocadas em um plano inferior de importância. Os membros do grupo realizam suas tarefas e cooperam uns com os outros para que as metas sejam alcançadas. A motivação é alta e os membros do grupo desempenham suas tarefas de forma criativa. Ocorrendo isso de modo regular e eficiente, a evolução do grupo começa a mover-se para o próximo estágio.

- **Estágio 4 – Controle e organização**: neste estágio o grupo alcança com eficácia os seus objetivos. As tarefas são distribuídas em função das competências dos membros do grupo. O desempenho das atividades é flexível, não estando sujeito às restrições estruturais. Determinados grupos, ao atingirem a metade do tempo que foi atribuído para a realização da tarefa, iniciam um processo de transição que se concluirá com a sua dissolução. Essa transição pode ser caracterizada pela descoberta de novas formas de realizar as atividades, abandonando-se os padrões ineficientes. Pode haver um esforço concentrado para finalização das tarefas. Outra forma de transição possível é aquela que pode ocorrer pouco antes do prazo para finalização das tarefas. Os grupos vão direto para a conclusão, concentrando sua energia em terminar o trabalho. No estágio 4, os grupos conquistam seus resultados.

5. Fatores que afetam o desempenho do grupo

O grupo, em função das características que o envolve, tem seu resultado afetado por diversos fatores, cujos principais são: composição, tamanho, normas e coesão.

- **Composição**: um grupo pode ter uma composição mais homogênea, ou seja, há uma similaridade entre seus membros, são compartilhados valores e crenças e não há diferenças marcantes de capacidade. Uma desvantagem de um grupo homogêneo é a baixa criatividade aplicada na solução de problemas. Um grupo heterogêneo é aquele composto por pessoas que apresentam diferenças de crenças, valores e que possuem capacidades diversificadas. A composição do grupo – homogênea ou heterogênea – deve ser considerada para a definição do tipo de tarefa que o grupo terá que desempenhar. Tarefas repetitivas são mais adequadas aos grupos homogêneos.

- **Tamanho**: é difícil estabelecer qual é o número adequado de membros para um grupo. O que sabemos é que em grupos menores, de 4 a 6 membros, por exemplo, a comunicação e as discussões sobre as tarefas são mais informais. Em grupos maiores, torna-se necessário a criação de mecanismos formais para comunicação entre seus membros (convocação para reuniões, atas para registrar os resultados das reuniões), como também a utilização de procedimentos padronizados para regular a realização de tarefas. Um fenômeno que é observado nos grupos e está associado ao seu tamanho é a folga social.

PARA SABER MAIS! Pesquise na internet sobre a Teoria de Vytautas Andrius Graicunas. Graicunas desenvolveu uma fórmula para avaliar as relações entre membros a partir do tamanho do grupo.

A folga social pode ser definida como a tendência natural das pessoas em se esforçarem menos quando estão trabalhando em grupo do que quando trabalham sozinhas.

- **Normas**: as normas constituem-se em padrões cuja finalidade é avaliar se os comportamentos dos membros do grupo são aceitáveis ou não. As normas, geralmente, são estabelecidas considerando-se as características de personalidade, a situação de cada um dos membros do grupo, as tarefas e a história do grupo. Elas podem abordar vários aspectos, como orientar a maneira de se vestir e de se apresentar no trabalho, definir como as tarefas serão distribuídas, estabelecer os parâmetros para a alocação de recursos etc.

- **Coesão**: segundo Vecchio (2008), coesão é a extensão em que os membros são atraídos a um grupo e desejam permanecer nele. A coesão pode ser afetada por um conjunto de fatores que, por sua vez, trazem consequências para o grupo, como nos mostra a Figura 9.

Figura 9 – Fatores que afetam a coesão e suas consequências

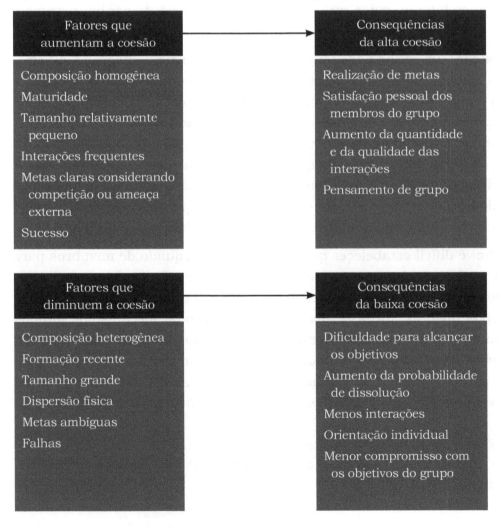

Fonte: Autor, adaptado de Griffin & Moorhead, 2014.

6. Tomada de decisão em grupo

Durante nossa vida profissional, participamos de diversos tipos de grupos dentro das organizações. Os grupos tomam decisões referentes a vários assuntos de seu interesse, para criar um ambiente de bem-estar para si, para criar um ambiente de bem-estar para si próprio ou para a organização. Vamos conhecer agora quais são as principais formas que os grupos utilizam para a tomada de decisão:

- **polarização do grupo**: as atitudes e opiniões dos membros de um grupo podem variar durante uma discussão. Às vezes, um grupo assume uma atitude mais extrema após uma discussão do que a que apresentava antes do início dela. Quando esse fenômeno ocorre, recebe o nome de polarização do grupo. Em outras situações, principalmente quando envolvem algum risco, existe uma boa probabilidade de o grupo assumir atitudes mais conservadoras;

- **pensamento de grupo**: trata-se de um fenômeno que pode afetar a tomada de decisão em grupo e está relacionada à pressão do cumprimento das normas para o consenso. Essa pressão, por perseguir o consenso, faz com que o grupo perca a oportunidade de avaliar novas alternativas para a solução dos problemas e tenda a assumir uma posição mais conservadora;

- **participação**: refere-se ao grau de participação dos membros do grupo no processo de tomada de decisão. Essa participação deve ser um valor presente na cultura da organização, pois influenciará as estratégias, as políticas, os processos, os perfis de liderança, entre outros fatores. Uma organização que valoriza a participação dos grupos de funcionários no processo decisório tem um modo de operar mais descentralizado, a delegação de autoridade é a prática observada em todos os níveis hierárquicos; e

- **grupo de solução de problemas**: é um grupo criado com um objetivo bem definido: encontrar a solução para um problema da organização. Um fator crítico para o sucesso do grupo na busca pela solução de um problema é o empenho na geração e análise de alternativas. O grupo pode utilizar algumas técnicas para que a atividade seja eficiente e eficaz, como o *brainstorming*, a técnica de grupo nominal e a técnica de Delphi. O **brainstorming**, ou tempestade cerebral, é uma técnica utilizada para se gerar um grande número de ideias num primeiro momento e, em seguida, o grupo avalia a viabilidade de cada uma delas. A técnica de grupo nominal requer que os membros do grupo sigam um ciclo de gerar-discutir-votar até chegar a uma decisão. A técnica de Delphi é um método para obtenção sistemática de opiniões de especialistas, que serão consideradas para a solução de problemas.

7. Diferença entre grupos e equipes

De acordo com Griffin & Moorhead (2014), uma **equipe** é um pequeno grupo de pessoas com habilidades complementares que buscam um propósito ou metas comuns pelos quais adotam uma abordagem para se ajudarem e manterem-se mutuamente responsáveis.

Portanto, se compararmos essa definição com a definição de grupo, citada no início deste tópico, concluiremos que na equipe o objetivo é comum, enquanto no grupo o objetivo pode ser individual; na equipe a responsabilidade é mútua, no grupo ela é individual; a sinergia na equipe é percebida, no grupo ela neutra.

8. Benefícios e custos das equipes nas organizações

O trabalho em equipe vem crescendo muito em todas as partes do mundo. A organização que estimular e utilizar o trabalho em equipe poderá alcançar os seguintes benefícios:

- **melhor desempenho**: pode vir de várias formas, como pela melhoria da produtividade, da qualidade e do atendimento ao cliente. O trabalho em equipe permite a redução de desperdícios e de erros, aumentado a satisfação do cliente;

- **redução de custos**: os custos, com o trabalho em equipe, podem ser reduzidos em função da diminuição de desperdícios, de retrabalhos, do absenteísmo e da rotatividade dos funcionários. Organizações que incentivam o trabalho em equipe têm demonstrado significativos ganhos com a redução de custos;

- **outros benefícios para a organização**: a flexibilidade, a inovação e a criatividade são benefícios observados em organizações que favorecem o trabalho em equipe. A redução da burocracia e dos níveis hierárquicos também são benefícios apontados por essas organizações;

- **benefícios para os empregados**: equipes ajudam os funcionários a desenvolver o autocontrole, a dignidade humana, a identificação com o trabalho, a autoestima e a autorrealização. Como na equipe há mais liberdade de atuação e respeito pelas habilidades individuais, as possibilidades de crescimento pessoal e profissional são maiores; e

- **custo das equipes**: a formação de uma equipe leva tempo e necessita de investimentos de tempo e de capacitação. Durante esse tempo, às vezes é necessário cuidar do sentimento de frustração, por que os resultados da equipe demoram a aparecer.

9. Tipos de equipes

Os tipos mais comuns de equipes que encontramos nas organizações são apresentados na Tabela 1.

Tabela 1 – Tipos de equipes nas organizações

Tipo de equipe	Definição
Círculo de controle da qualidade	Pequenos grupos de funcionários de uma mesma área que se reúnem regularmente para discutir e recomendar soluções para os problemas no local de trabalho.
Equipes de trabalho	Equipes que realizam diariamente o trabalho em uma área e que tomam decisões de como o trabalho deve ser feito.
Equipes de solução de problemas	São equipes criadas para resolver um determinado problema. A equipe se desfaz após o problema ser solucionado.
Equipes de gestão	Gestores de diferentes áreas que coordenam o trabalho das equipes.
Equipes virtuais	Equipes que trabalham juntas, mas que estão fisicamente em locais diferentes e utilizam a tecnologia para realizarem o seu trabalho.

Fonte: Autor, adaptado de Griffin & Moorhead, 2014.

10. Comunicação

No mundo atual, a comunicação pode ser um fator de sobrevivência de uma organização. A organização que não souber se comunicar com seus *stakeholders* (acionistas, clientes, funcionários, fornecedores, a comunidade na qual está instalada, entre outros), certamente terá uma série de dificuldades.

A **comunicação** é a troca de mensagens entre pessoas, com a finalidade de construir significados. Uma questão importante na construção de significados é a capacidade de interpretação da pessoa que recebe uma informação. Por exemplo: um colaborador recebeu um e-mail do seu gestor; não basta apenas ler o que está escrito, mas, principalmente, entender o significado da mensagem. Parece uma coisa trivial, mas, às vezes, não é tão simples.

> *PARA SABER MAIS! Pesquise na internet a história do cometa Halley, como um exemplo de comunicação em uma organização.*

11. O processo da comunicação

A comunicação pode ser entendida como um processo, pois envolve vários agentes e várias técnicas e meios para que se alcance a eficácia pretendida em uma organização. Os agentes envolvidos no processo de comunicação são o emissor

– aquele que emite a comunicação – e o receptor – aquele que recebe a comunicação. A codificação, a decodificação, o **ruído**, a mensagem, o **canal** etc., são as técnicas e os meios utilizados tanto pelo emissor como pelo receptor para que se comuniquem. A Figura 10 ilustra os passos do processo de comunicação.

Figura 10 – O processo de comunicação

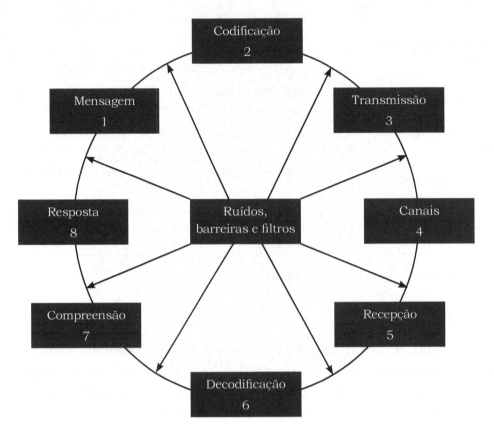

Fonte: Autor, adaptado de Vecchio, 2008.

Vamos, a seguir, detalhar cada uma das etapas desse processo:

- **mensagem**: corresponde ao conjunto de informações que um indivíduo ou um grupo compartilham com os demais;
- **codificação**: codificação é o processo pelo qual a mensagem é traduzida a partir de uma ideia ou pensamento em símbolos transmissíveis. Podemos dizer que a mensagem é o resultado do processo de codificação realizado pelo emissor;
- **transmissão**: ocorre quando a mensagem, após a codificação, é transmitida ao receptor, utilizando-se um dos canais disponíveis;
- **canais**: é o meio pelo qual a mensagem sai do emissor e chega ao receptor. Pode ser um e-mail, um telefonema ou um relatório;

- **recepção**: ocorre quando o receptor recebe a mensagem e percebe que se trata de uma mensagem escrita, falada ou transmitida de algum outro modo;

- **decodificação**: é uma ação do receptor para entender o significado da mensagem;

- **compreensão**: se o entendimento da mensagem decodificada corresponder ao entendimento contido na mensagem codificada, podemos afirmar, então, que a mensagem foi compreendida. Do contrário, a mensagem não foi compreendida;

- **resposta**: a partir da compreensão ou não da mensagem, o receptor dará uma resposta por meio de uma ação ou de uma inação;

- **ruídos, barreiras e filtros**: são elementos que, se presentes nos processos de comunicação, podem causar distorções, fazendo com que a mensagem compreendida pelo receptor seja diferente daquela transmitida pelo emissor. Por exemplo, o uso de uma linguagem inadequada pode provocar um ruído na comunicação. As barreiras na comunicação podem estar associadas às diferenças culturais, diferenças de níveis hierárquicos etc. Os filtros correspondem a manipulações que o emissor faz para que o receptor entenda apenas aquilo que ele quer que seja entendido. Quando você está conversando com o seu gestor sobre a avaliação dele, você fala tudo o que gostaria de falar?

ATENÇÃO! A diferença cultural entre o emissor e o receptor pode causar sérios ruídos na comunicação. Algumas culturas dão mais importância à linguagem não verbal para se comunicarem, ao passo que outras, concentram-se na comunicação verbal.

Em função da complexidade que esse processo pode apresentar, Vecchio (2008) comenta que a comunicação envolve tantos passos que numerosos fatores podem intervir para dificultar o processo. A mensagem codificada pode, por exemplo, não corresponder precisamente à pretendida, por causa da escolha inadequada de palavras pelo emissor, ou a resposta pode não refletir de modo preciso a intenção do receptor, como resultado de forças fora de seu controle. Mais comunicação não significa melhor comunicação, pois a comunicação é um processo social que envolve percepção e influência. A transmissão e a recepção precisas de uma mensagem, mais o impacto que esta exerce no receptor, são igualmente importantes para explicar o processo de comunicação.

12. A direção da comunicação

Na organização, a comunicação pode ocorrer em dois sentidos: de cima para baixo e de baixo para cima. A comunicação de cima para baixo, também chamada de comunicação descendente, é a utilizada pelos níveis hierárquicos mais elevados para transmitir ou compartilhar informações com os níveis inferiores.

Normalmente, informações sobre normas e políticas da empresa, orientações de caráter geral, como o calendário de pontes de feriados, e outras informações julgadas relevantes para os funcionários são transmitidas no sentido descendente. A comunicação de baixo para cima, também chamada de comunicação ascendente, é a utilizada pelos níveis inferiores para transmitir informações para os níveis superiores. No sentido ascendente ocorre a comunicação referente aos resultados das metas, reivindicações sobre condições de trabalho, sugestão de melhoria em processos etc. A comunicação em cada um desses dois sentidos, para que cumpra seus principais objetivos, deve ser direta, transparente e respeitar as especificidades dos diferentes níveis hierárquicos de uma organização.

Além da comunicação ascendente ou descendente, encontramos nas organizações a comunicação horizontal. A comunicação horizontal consiste na troca de informações entre funcionários de mesmo nível hierárquico na organização. Geralmente envolve temas que são comuns aos vários departamentos ou para a coordenação de ações para se alcançar um objetivo comum. Muitas vezes, as informações trabalhadas na comunicação horizontal precedem o que será tratado na comunicação ascendente ou descendente.

A Figura 11 apresenta um exemplo dos sentidos da comunicação em uma organização.

Figura 11 – Sentidos da comunicação

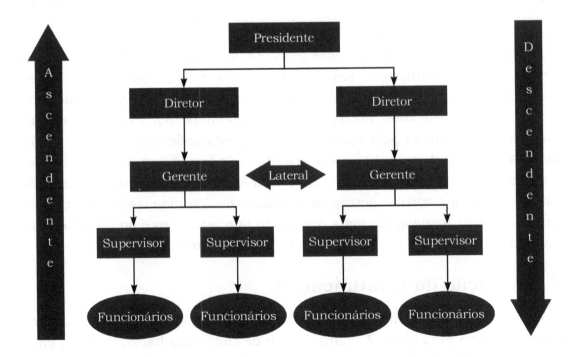

Fonte: Autor.

13. Métodos de comunicação

Para se comunicarem, as pessoas utilizam três métodos primários de comunicação nas organizações: a comunicação escrita, a oral e a não verbal.

A comunicação escrita pode ser feita utilizando-se vários meios. Os mais comuns são: cartas, atas memorandos, relatórios, manuais, formulários, jornais internos, e-mails, mensagens eletrônicas etc. Esses meios podem ser mais formais ou mais informais. Uma das vantagens de se utilizar a comunicação escrita é o registro da informação, que poderá ser armazenado para consultas futuras.

A comunicação oral utiliza os seguintes meios: palestras, conversas informais, grupos de discussão, debates, trocas de informações sobre a execução de tarefas. Outro meio de comunicação oral que encontramos nas organizações é conhecida como a "rádio peão", isto é, uma rede informal que transmite informações não oficiais para os empregados. A comunicação oral é mais rápida. Contudo, exige mais cuidado. Quanto maior a quantidade de receptores, maior a probabilidade de distorção da comunicação. A história do cometa Halley, sugerida anteriormente, é um exemplo dessa distorção. Talvez se as orientações do presidente tivessem sido escritas, as distorções não teriam acontecido da forma como ocorreram.

A **comunicação não verbal** acompanha a comunicação oral. Você já prestou atenção como um descendente de italianos se comunica? Ao mesmo tempo em que está falando, faz uma série de gestos com as mãos, como que querendo explicar, ilustrar sua fala. Outro exemplo de comunicação não verbal: os especialistas dizem que se você está trocando informações com outra pessoa o cruzamento dos braços significa uma forma de proteção ou de defesa. Não é incomum estarmos compartilhando informações com outra ou outras pessoas e percebemos, pelas suas expressões faciais, ou postura corporal, que não estão ouvindo ou entendendo o que estamos falando.

14. Comunicação digital

Os meios modernos que dispomos estão mudando a forma de comunicação dentro das empresas. O *smartphone* e o *tablet*, e os computadores são dispositivos muito usados entre os indivíduos para se comunicarem com seus clientes, com os fornecedores e com os demais indivíduos da própria organização.

Além dos dispositivos temos os softwares ou aplicativos que utilizamos para nos comunicarmos, como o e-mail, o Facebook, o Twitter, o LinkedIn, a internet, a intranet, o WhatsApp.

Com a utilização desses dispositivos e softwares a comunicação ficou mais ágil e menos formal. Algumas barreiras foram quebradas quando utilizamos tais recursos: não há mais a barreira do tempo, uma vez que estamos "24 horas no ar"; não há mais a barreira hierárquica – posso enviar um e-mail para o presidente da empresa, sem que ele passe pelo meu superior imediato.

Muitas organizações criaram cargos que não existiam em estruturas mais antigas, só para cuidar da sua comunicação com os *stakeholders.* Por exemplo, um grande grupo varejista criou um grupo que monitora as redes sociais em tempo real. Qualquer comentário ou notícia, principalmente aquelas que podem comprometer a imagem da organização, são tratadas de forma rápida, para que não assumam proporções de difícil controle.

É comum encontrarmos nas grandes organizações normas para que os funcionários utilizem adequadamente os recursos digitais de comunicação. Essas normas visam preservar a organização, caso o funcionário faça uma comunicação indevida, utilizando esses recursos.

> ATENÇÃO! A utilização adequada dos recursos de comunicação digital pode ser um fator crítico de sucesso para a organização.

15. Liderança

Pense um pouco nas organizações ou nos grupos que você conhece que alcançaram bons resultados. Muito provavelmente conseguiram esses resultados porque tinham bons líderes. Mas será que um líder pode fazer tanta diferença assim?

Vamos começar definindo o que é liderança. **Liderança** pode ser definida como um processo pelo qual uma pessoa tenta levar os membros de uma organização a fazer algo que ela deseja. Griffin e Moorhead (2014) definem liderança como sendo um processo e uma propriedade. Como processo, liderança envolve o uso de influência não coercitiva. Como propriedade, a liderança é o conjunto de características atribuídas a alguém que as utiliza como forma de influência para levar as pessoas a obterem sucesso.

Ambas as definições tratam liderança como um processo, algo que tem um começo (entradas), um meio (processamento ou tratamento das entradas) e um fim (resultados ou saídas). As entradas seriam as pessoas, as informações e outros recursos que o líder dispõe. O processamento ou tratamento refere-se à forma, prioridade, abrangência e velocidade com que o líder trabalha as entradas. A saída é o alcance dos objetivos que foram estabelecidos.

Griffin e Moorhead incorporam o processo e a propriedade, isto é, para liderar, um líder deve possuir determinadas características que permitam que ele desempenhe esse papel perante o grupo. Ao longo deste tópico apresentaremos as características do líder.

16. Gerência e liderança

É muito comum nas organizações confundirmos **gerenciar** com liderar. A Tabela 2 destaca as principais diferenças entre gerenciar e liderar.

Tabela 2 – Diferenças entre gerenciar e liderar

Atividade	Gerenciar	Liderar
Planejamento do trabalho	Planejamento e orçamento: Detalhar prazos, alocar recursos para que os objetivos sejam alcançados.	Estabelecer a direção: Desenvolver a visão de futuro e as estratégicas para viabilizar a visão.
Pessoas para cumprimento do planejamento	Definir a quantidade e o tipo de pessoas que são necessárias para alcançar os objetivos, delegar responsabilidade e autoridade, estabelecer políticas e procedimentos, orientar as pessoas e criar indicadores para monitorar a implementação do plano.	Alinhar pessoas: comunicar a direção para que todos se comprometam; estimular a cooperação; criar equipes comprometidas com a visão e as estratégias.
Execução do planejamento	Controlar e resolver problemas: monitorar o previsto e o realizado, identificando desvios e resolvendo os problemas.	Motivar e inspirar: energizar as pessoas para superarem as barreiras.
Resultados	Alcançar de forma consistente os principais resultados esperados pelos *stakeholders*.	Promover mudanças, muitas vezes de alto impacto, para melhorar os resultados.

Fonte: Autor, adaptado de Griffin & Moorhead, 2014.

Se analisarmos a Tabela 2, constataremos que gerenciar e liderar são papéis que se complementam para que a organização alcance seus resultados. Em determinados momentos a organização pode precisar mais do "gerente", principalmente, quando sente a necessidade de se organizar, de definir processos, de garantir resultados. Em outro momento pode precisar do "líder", quando necessita de inspiração, de criatividade, de mudanças.

17. Como conhecer as propriedades dos líderes

Como estudamos no início deste tópico, os líderes têm "propriedades" ou características que são importantes para que alcancem seu propósito principal: influenciar pessoas.

Existem vários estudos para explicar as características dos líderes. Vamos conhecer os principais.

18. Estilos básicos de liderança

Um dos primeiros estudos sobre a liderança definiram três estilos básicos: o autocrático, o liberal (*laissez-faire*) e o democrático.

No estilo de liderança autocrático o líder toma as decisões sem consultar seus liderados, determina como o trabalho deve ser executado, determina o que cada funcionário fará e como medirá o seu resultado e faz elogios ou críticas individualmente.

No estilo de liderança liberal, ou *laissez-faire*, o grupo tem total liberdade para decidir, sem que seja necessária a participação do líder, a divisão do trabalho é feita pelo próprio grupo e o líder participa apenas quando são necessárias algumas informações específicas, o próprio grupo divide as tarefas entre seus membros e não são aplicados sistemas de avaliação do grupo ou do trabalho.

O líder que tem o estilo democrático é aquele que compartilha e discute com o grupo antes de tomar uma decisão, aconselha o grupo para que a melhor forma de realização do trabalho seja utilizada, delega ao grupo a distribuição das tarefas, faz parte do grupo, elogiando ou criticando de forma assertiva.

19. Teoria dos traços

Uma das teorias que procura explicar as características dos líderes é a teoria dos traços. Teoria dos traços é uma abordagem que procura identificar em um líder traços estáveis e duradouros que o caracterizam como líder eficaz e o diferenciam das outras pessoas que não são líderes. Podem ser considerados traços de liderança: inteligência, dominância, autoconhecimento, energia e conhecimento das tarefas, motivação, honestidade e conhecimento do trabalho. Pode ser curioso, mas alguns estudos consideram a altura do indivíduo como um traço de liderança. Essa teoria recebeu críticas, uma vez que um indivíduo que tem alguns traços de liderança, não necessariamente será, somente por isso, um líder aceito por um grupo.

20. Teorias comportamentais

Os pesquisadores procuraram, então, desenvolver novas teorias que ajudassem a entender as características da liderança.

Um estudo que foi muito analisado foi desenvolvido pela Universidade de Ohio, na década de 1940. Os pesquisadores da Universidade de Ohio propuseram que a liderança tem duas dimensões: a consideração e a estrutura inicial. Consideração é definida como a extensão em que o líder mantém um relacionamento pelos subordinados e sensibilidade por seus sentimentos e estrutura inicial é a extensão em que um líder define e estrutura o trabalho que os subordinados executam, concentrando-se na realização bem-sucedida da tarefa.

O estudo supõe que as duas dimensões são independentes entre si e também que pode haver uma inclinação maior ou menor para cada uma delas. Assim, podemos ter um líder que dá mais importância para os relacionamentos com seus liderados, enquanto outro dá mais importância para a execução de uma tarefa. Os pesquisadores identificaram que a consideração adequada de um gestor leva a um nível maior de satisfação no trabalho, por parte dos subordinados, mesmo que necessite manter um grau elevado de estruturação.

Os americanos Robert R. Blake e Jane S. Mouton adaptaram a abordagem dos estudos da Universidade de Ohio e desenvolveram o Grid Gerencial. O Grid Gerencial é um método utilizado para explicar os estilos de liderança. Para saber o seu estilo de liderança, o indivíduo responde um questionário; as respostas são tabuladas e o resultado é apresentado em um gráfico no qual um eixo representa o foco na produção e o outro o foco nas pessoas, conforme demonstrado na Figura 11.

O Grid permite que sejam feitas 81 combinações para explicar os diferentes estilos de liderança. Contudo, foram destacadas cinco combinações que sintetizam os principais estilos de liderança. São elas:

- **1.1 – Gerenciamento empobrecido**: o líder que apresenta este estilo, dedica-se muito pouco para que os resultados sejam alcançados e que os membros do grupo sejam mantidos;

- **1.9 – Gerenciamento clube de campo**: a dedicação do líder é maior para manter relacionamentos satisfatórios, que, como consequência, possibilitariam o alcance dos resultados.

- **5.5 – Gerenciamento meio-do-caminho**: este estilo permite ao gestor equilibrar a preocupação com as pessoas no intuito de alcançar resultados.

- **9.1 – Gerenciamento por obediência**: o gestor que tem este estilo foca na eficiência e na especificação das condições de trabalho, de modo que a preocupação com as pessoas interfere muito pouco. Você já deve ter ouvido um ditado popular que diz "manda quem pode, obedece quem tem juízo". A inspiração desse dito popular, provavelmente, deve ter sido um gestor 9.1.

- **9.9 – Gerenciamento em equipe**: seu propósito principal é alcançar os objetivos da organização. O gestor que tem este estilo de liderança cria um ambiente de respeito e de confiança e obtém os resultados por conta do comprometimento de sua equipe.

Segundo Vecchio (2008), de acordo com o modelo do Gráfico Gerencial, existe um determinado estilo de gerenciamento ótimo ou mais eficaz – o gerenciamento em equipe, ou estilo 9.9. Pressupõe-se que os gerentes que têm elevado foco nas pessoas e elevado foco na produção podem conseguir melhores resultados. No entanto, não há estudos que comprovam que essa hipótese é verdadeira.

Figura 11 – Grid gerencial

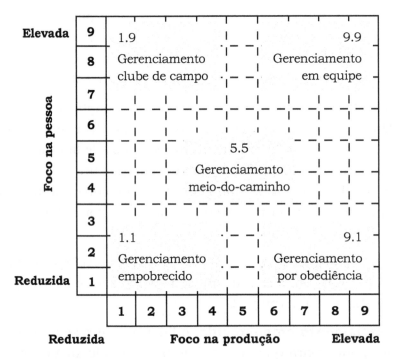

Fonte: Autor, adaptado de Vecchio, 2008.

Os pesquisadores da Universidade de Michigan propuseram uma teoria semelhante à dos pesquisadores da Universidade de Ohio. Foram consideradas duas dimensões: líder orientado para as pessoas e líder orientado para as tarefas. Se compararmos as duas teorias teremos que: consideração é semelhante à liderança orientada para as pessoas e estrutura inicial é semelhante à liderança orientada para as tarefas.

Foram desenvolvidas, também, teorias contingenciais para explicar os fenômenos da liderança. Essas teorias, além de considerar o comportamento do líder, levam em consideração a situação do ambiente no qual o exercício da liderança ocorre.

Um dos primeiros modelos de liderança que foram propostos considerando a situação foi o modelo de contingência de Fiedler. A suposição fundamental desse modelo de liderança é de que o desempenho do grupo constitui função da combinação entre o estilo de um líder e as diversas características relevantes da situação. Para avaliar a relação entre essas duas variáveis, Fiedler criou uma escala de pontuação que mede, em um grupo, a estima pelo colaborador menos preferido (CMP). A pessoa que responde ao questionário deve descrever um colega de trabalho com quem não gosta de trabalhar, atribuindo uma nota que varia de 1 a 8. Veja o exemplo abaixo:

Agradável   8   7   6   5   4   3   2   1   **Desagradável**

Segundo essa escala, se uma pessoa entende que o comportamento de um determinado colega é agradável, assinalará 8, se não for nem agradável e nem desagradável, assinalará 5, e assim por diante.

Vecchio (2008) afirma que a proposta de Fiedler se apoia na abordagem comportamental da liderança. Para Vecchio (2208), as situações reais de trabalho são multifacetadas. A partir desta constatação, Fiedler sugeriu o conceito de vantagem situacional, que é decorrente da facilidade ou dificuldade que um gestor tem para lidar com determinada situação. De acordo com Vecchio (2008), existem três fatores que formam a base da vantagem situacional: (1) relação entre líder e membros, (2) estrutura das tarefas e (3) poder da posição.

De acordo com o modelo de Fiedler, uma situação em que as relações entre líder e liderados são boas, é esperado uma maior facilidade de gerenciamento. A estruturação das tarefas considera o quanto podem ser definidas e específicas com clareza. Quanto mais clara for a especificação das tarefas, menor a margem de distorção na interpretação por parte dos indivíduos que as executam. Quando um líder utiliza de sua autoridade formal, recompensando ou punindo seus liderados, está exercitando o poder da posição.

O modelo de contingência de Fiedler recebeu várias críticas, principalmente no que se refere a falta de uma explicação convincente da dinâmica do modelo, em função de todos os aspectos que ele leva em consideração. Outra crítica concentra-se na forma com que Fiedler coletou os dados. Se o mesmo método fosse apli-

cado em outros grupos, os resultados talvez não seriam os mesmos. Por isso, ainda existem controvérsias sobre a validade do modelo.

Outra teoria que relaciona o líder com a situação é a Teoria Situacional. Esta teoria é semelhante à teoria proposta pelos pesquisadores da Universidade de Ohio. O que a diferencia é a busca pela compatibilização entre o estilo de liderança adequado à uma determinada situação com a maturidade dos liderados. Segundo Vecchio (2008), maturidade do subordinado é definida como a capacidade para fixar metas elevadas, porém, alcançáveis; disposição para assumir responsabilidade; e educação e/ou experiência relevante.

A Teoria Situacional foi apresentada sem comprovação efetiva de sua validade. É caracterizada por apresentar um apelo intuitivo. Pelas suas características, ela se torna atrativa para alguns gerentes e exige deles comportamentos flexíveis e adaptáveis.

Mais recentemente surgiram novas teorias sobre liderança, que consideram as relações entre líderes e liderados nos tempos atuais: a liderança carismática, liderança transacional e a liderança transformacional.

A liderança carismática reporta-se a um tipo de influência social baseada na percepção, pelos seguidores, da pessoa do líder (**carisma**), e não em sua autoridade formal. Um líder carismático tem autoconfiança, é movido por uma causa, é visionário. Por isso, consegue inspirar e influenciar seus seguidores.

A liderança transacional é caracterizada pela troca frequente (transação) entre líder e liderados no desempenho de suas funções. Um gerente de estilo de liderança transacional, por exemplo, oferece aos seus liderados uma recompensa caso consigam um desempenho específico. A relação recompensa x desempenho é uma transação, portanto, é uma relação mais utilitária entre o líder e seus liderados.

> ATENÇÃO! Assista aos filmes O Diabo Veste Prada e Gladiador. Procure identificar os estilos de liderança dos personagens principais desses dois filmes. Faça uma comparação entre os estilos observados.

A liderança transformacional tem um propósito oposto ao da liderança transacional e mais amplo do que a liderança carismática. De acordo com Vecchio (2008), a liderança transformacional ressalta as metas dos subordinados e aumenta sua autoconfiança para se empenharem por metas mais elevadas. Complementa afirmando que a liderança transformacional frisa a importância da visão, do estímulo intelectual e da consideração pelo indivíduo na liderança e o papel fundamental que ela pode exercer durante épocas de mudança e de crise. Mais do que estabelecer simplesmente uma transação, na liderança transformacional o líder preocupa-se em transformar o indivíduo e não apenas recompensá-lo por ter alcançado um desempenho específico.

21. Poder e política nas organizações

O comportamento das pessoas na organização é influenciado pelo poder. O organograma da empresa é uma figura que representa o poder dentro da organização. Você entende por que, em alguns organogramas, a "caixinha" que representa o presidente e os diretores da empresa é "maior" ou tem uma apresentação diferente das demais? Uma resposta possível para essa questão é que o presidente e os diretores têm mais "poder" dentro da organização.

Vamos, então, começar definindo o que é poder em uma organização. Vecchio (2008) define poder como a capacidade de mudar o comportamento de outras pessoas. É a habilidade de fazer que outros realizem ações que, de outro modo, poderiam não executar. O poder não deve ser confundido com autoridade. Autoridade pode ser entendida como o direito de tentar mudar ou dirigir os outros. A autoridade é delegada pela organização. Outro conceito que se confunde com o de poder é o de influência, já que a influência é mais útil, ampla e geral que o poder. A influência depende da forma que o líder a utiliza e, com certa frequência, exige interações face a face.

22. As bases do poder

O exercício do poder em uma organização enfatiza a maneira com que os recursos e as recompensas são distribuídos entre seus integrantes. O poder desempenha um papel central em tais processos de alocação. Para explicar como o poder opera, Vecchio (2008) considera as cinco diferentes fontes de poder propostas por John French e Bertram Raven: poder de reconhecimento, poder coercitivo, poder legítimo, poder referente e poder baseado em especialização.

- **Poder de reconhecimento**: é expresso pela capacidade de estabelecer quem receberá as recompensas. Quanto mais a recompensa é valorizada por quem a recebe, mais poder atribuirá à pessoa que a concede. Um gestor tem poder por que pode promover, aumentar o salário, transferir o indivíduo para um trabalho mais gratificante etc.

- **Poder coercitivo**: a origem do poder coercitivo é a capacidade de se promover o medo nas pessoas. As pessoas fazem o que o gestor solicita por medo de serem punidos: demitidos, transferidos para funções menos importantes etc.

- **Poder legítimo**: o poder legítimo origina-se da disposição de algumas pessoas para aceitar ordens de outra. Existe uma condição primária para o exercício do poder legítimo: o líder deve ser legitimado, aceito pelos liderados. Não havendo a aceitação, o poder deixa de ser legítimo.

- **Poder referente**: pessoas que possuem determinadas características que as tornam referência – aparência, estilo pessoal, valores – podem, por conta dessas características, exercer poder sobre outras pessoas.

- **Poder baseado em especialização**: o conhecimento e/ou a especialização em determinada área pode ser uma fonte de poder. Acatamos prontamente opiniões de pessoas que tem um conhecimento superior ao nosso em determinado assunto. Não é usual discutirmos com nosso médico sobre a eficácia da medicação que ele prescreveu para tratar uma enfermidade.

Um gerente deve usar o poder com sabedoria para que consiga resultados sustentáveis por seus liderados. Para usar o poder com sabedoria deve ter noção do tipo de poder que a situação exige e se tem condição e legitimidade para exercê-lo.

23. Política nas organizações

Todos nós somos "seres políticos", pois dependemos dos outros para obter os recursos dos quais necessitamos e para ter a cooperação para se alcançar um objetivo coletivo, dentre outras situações que vivenciamos nas organizações.

A política organizacional é aquela atividade exercida no âmbito das organizações para adquirir, desenvolver e usar o poder e outros recursos para conseguir a retribuição preferida em uma situação na qual existe incerteza (ou desacordo) quanto às opções. A política é o poder em ação. Não há nada de pernicioso em se exercer o poder e fazer política em uma organização. O sucesso de um gestor depende, também, de sua habilidade política e da forma com que exerce o poder.

24. Táticas políticas

A atuação de um "ser político" que consiga bons resultados em uma organização pode estar vinculada ao uso de determinadas táticas políticas, tais como: insinuação, formação de alianças e redes, gerenciamento da impressão transmitida, gerenciamento das informações, promoção da oposição e almejar cargo de linha.

A **insinuação**, segundo Vecchio (2008), consiste em se fazer elogios ou favores para superiores ou subordinados. Os indivíduos têm dificuldade em rejeitar elogios ou favores. A insinuação opera, usualmente, como tática na medida em que o alvo se sente positivo em relação à fonte, mesmo se a tentativa de se insinuar for razoavelmente ruidosa e transparente.

Formar alianças e redes é uma tática política que consiste em construir laços de amizade com indivíduos que ocupam posições hierárquicas relevantes na organização. Dessa forma, mesmo que não ocupe um cargo importante, o indivíduo que usa essa tática, terá acesso a informações privilegiadas.

A tática de **gerenciamento da impressão transmitida** consiste no gerenciamento da aparência e estilo pessoal. Os indivíduos que possuem uma boa apresentação pessoal, que são leais, solícitos e sociáveis, acabam por receber mais atenção dos membros mais influentes das organizações.

O **gerenciamento das informações** é uma tática política cujo foco é o gerenciamento de informações compartilhadas entre os membros de uma organização. Ter acesso a informações pode ser uma forma de influenciar o comportamento das demais pessoas. Para não perder a confiança e a credibilidade, o indivíduo deverá cuidar da veracidade das informações que veicula.

Promover a oposição significa ajudar o inimigo a ser promovido ou transferido para outra área. Vecchio (2008) sugere que recomendar um rival para uma nova posição ou mesmo para uma promoção em outra divisão pode tornar mais fácil a vida de uma pessoa no trabalho. Por essa razão e por mais curioso que pareça, essa é uma tática de atuação política.

Almejar cargo de linha é uma tática política, uma vez que alguns indivíduos se sentem mais seguros quando ocupam cargos de linha. Os cargos de linha são aqueles que estão relacionados diretamente ao negócio principal da organização.

Essas táticas políticas são tidas como honestas e podem ajudar os indivíduos e a organização a alcançarem seus objetivos. Mas como sabemos, nem tudo é lícito quando nos referimos ao exercício do poder nas organizações. Apresentaremos algumas táticas que são consideradas como táticas políticas escusas.

Uma tática política escusa é conhecida como "não faça prisioneiros". Às vezes somos obrigados a tomar decisões difíceis, principalmente em épocas de crise, como ter que cortar funcionários, negociar redução de salários ou de benefícios. As pessoas que forem atingidas por essas medidas poderão se tornar inimigos políticos de quem tomou a decisão. Por isso, quando estiver nessa situação elimine todos os indivíduos que possam ficar ressentidos, demitindo-os ou transferindo-os.

Dividir e conquistar é outra tática política escusa. Estabelecer a discórdia entre duas ou mais pessoas pode deixá-las vulneráveis e sem condições de atacá-lo. Mas cuidado: existe o risco das pessoas descobrirem quem é o causador da discórdia e voltar-se contra ele.

Afastar a oposição é mais uma das táticas políticas escusas. Manter a oposição longe pode abrir caminho para que tenha uma maior condição para influenciar a decisão ou mesmo ganhar um crédito que seria atribuído ao rival. Como fazer isso? Programar reuniões ou eventos nos quais a oposição deveria participar, aproveitar-se das ausências ou das férias do oponente.

25. Disparates políticos ou gostar de viver perigosamente

O uso das táticas políticas corretas auxilia aqueles que desejam ser bem-sucedidos nas organizações. Outras podem causar disparates políticos, que podem custar a sobrevivência organizacional. Entre eles, destacamos: desrespeitar a cadeia de comando, perder a frieza, dizer "não" ao alto escalão e desafiar crenças enraizadas.

Desrespeitar a cadeia de comando significa apresentar uma queixa para o chefe do seu chefe. Em algumas organizações isto pode ser configurado como um abuso, um tabu. Não se discute a legitimidade da queixa, mas como ela foi tratada. Espera-se que um funcionário com uma queixa, procure primeiro o seu superior imediato. Caso este não a solucione deverá pedir-lhe autorização para que possa encaminhá-la ao nível hierárquico superior.

Perder a calma é outro erro de atuação política. O ambiente organizacional não é espaço para manifestações, berros, murros na mesa e outros comportamentos dessa natureza. A pessoa que não se controla e age dessa maneira perde o respeito e passa a ser conhecida como uma pessoa difícil.

Se você quiser criar um impedimento para sua ascensão na carreira, basta dizer "não" ao alto escalão. O não, às vezes, tem como causa uma sobrecarga de trabalho e/ou um sentimento de ser indispensável. Por que esse comportamento é um erro? Primeiro, ninguém é indispensável em uma organização; segundo, se está realmente sobrecarregado, negocie as prioridades em vez de dizer não.

Não devemos desafiar as crenças enraizadas. Tais crenças fazem parte da cultura da organização e muitas pessoas acreditam e se orientam por elas. Abrir um debate sobre essas crenças poderia se constituir em um suicídio político.

26. Lidar com a política organizacional

Um bom gerente deve usar táticas políticas adequadas e evitar ou eliminar o uso das táticas políticas escusas e os disparates políticos. Para tanto, deve:

- **Dar o exemplo**: de acordo com Vecchio (2008), não há dúvida de que um departamento é mais bem administrado por um gerente que proporciona um modelo de comportamento positivo, ao incentivar a veracidade e o tratamento imparcial aos demais.

- **Distribuir as tarefas claramente**: a definição clara e bem definidas das tarefas elimina a possibilidade de se estabelecerem jogos políticos, como fonte para conquistar algum tipo de reconhecimento.

- **Eliminar alianças e grupos fechados**: o gerente deve evitar a formação de "panelinhas" que possam contaminar o ambiente e prejudicar a concretização do trabalho no grupo.

- **Enfrentar os que participam do jogo**: os indivíduos gostam de dar sugestões ou opiniões sobre o trabalho ou sobre como melhorar o ambiente. O gerente deve aproveitar essas sugestões e opiniões e apresentá-las para que sejam discutidas por todo o grupo. De acordo com Vecchio (2008), saber que todas as sugestões estão sujeitas a discussão aberta desencoraja, invariavelmente, as pessoas que esperam envolver um gerente em jogos políticos.

27. Ética da política organizacional

Gerald Cavanagh, Dennis Moberg e Manuel Velásquez, apud Vecchio (2008), propuseram diretrizes a respeito de como um comportamento político ou um curso de ação deveria ser seguido em determinada situação. Segundo esses especialistas, um comportamento político é ético e apropriado se atender a dois fatores: (1) respeitar os direitos de todas as partes afetadas e (2) respeitar os princípios da justiça – um julgamento claramente correto daquilo que é justo e razoável. Está implícito no modelo a adoção de comportamentos não políticos e a não aceitação de comportamentos que contrariam os princípios de justiça.

28. Conflito e negociação

A convivência em grupos ou equipes, a comunicação, a liderança, o exercício do poder e a atuação política tem, por trás de si, uma característica comum: envolve seres humanos. Portanto, por mais bem-intencionadas que as pessoas sejam, acabam por criar ou se envolver em conflitos organizacionais.

O que é um **conflito**? De acordo com Vecchio (2008), é o processo resultante de uma pessoa (ou um grupo de pessoas) perceber que outra está impedindo, ou se encontra em vias de impedir, uma ação importante.

29. Evolução das visões dos conflitos

A visão que as organizações têm sobre os conflitos vem evoluindo com o passar do tempo. A visão tradicional entendia que o conflito era prejudicial e devia ser evitado a todo custo. Sua existência tirava de foco a atenção dos gerentes e consumia recursos sem que contribuísse para o bem-estar ou o sucesso da organização. De acordo com Vecchio (2008), o conflito poderia ser eliminado, alcançando-se um ótimo desempenho, por meio de técnicas de gerenciamento adequadas e do afastamento dos elementos problemáticos.

Essa visão foi superada por conta do processo evolutivo, e hoje o conflito não só é aceito nas organizações, mas, em algumas circunstâncias, deve ser estimulado. Essa nova visão do conflito, chamada de visão contemporânea, defende que o conflito pode ser útil para inovar as estratégias e as táticas, quebrando o comodismo e a estagnação. Para que ele não transcenda determinados limites e perca sua contribuição positiva, o conflito tem de ser gerenciado. O gerenciamento ao qual nos referimos procura manter o conflito em um nível adequado, utilizando-se de estratégias para reduzi-lo sempre que necessário. Por outro lado, não é uma tarefa simples identificar o que seria um nível adequado do conflito. Para tanto, é necessário que o gerente conheça bem os indivíduos envolvidos e a natureza de suas funções. Criatividade e o uso de estratégias e táticas para reduzir ou aumentar o conflito também são habilidades que o gerente deve dominar para que o conflito produza os efeitos almejados.

30. Tipos de conflito

Os conflitos podem ser classificados em dois tipos: os funcionais e os disfuncionais. Os conflitos funcionais são positivos e contribuem para melhorar os resultados de um grupo ou da organização. Os conflitos disfuncionais são negativos e podem causar prejuízos aos indivíduos, aos grupos e à organização.

31. Fontes de conflito

Vecchio (2008) afirma que o conflito pode surgir de diversas fontes, que foram agrupadas em três categorias: fatores de comunicação, estruturais e de comportamento pessoal.

A comunicação é uma fonte de conflitos. Informações que os gerentes transmitem a seus subordinados de forma não muito clara, que permitem interpretações diferentes, certamente gerarão conflitos no grupo ou entre ele e os colaboradores. Portanto, saber se comunicar é uma habilidade que o gerente precisa ter e que o ajudará a evitar conflitos.

Os fatores estruturais estão relacionados a tamanho, heterogeneidade dos funcionários, participação, distinção entre linha e *staff*, recompensas, disponibilidade de recursos e poder.

O tamanho é uma fonte de conflito. Conflito maior ocorre em organizações de grande porte, de acordo com Vecchio (2008). Quanto maior for a organização, mais provável é que as metas não sejam claras para todos os envolvidos. Os níveis elevados de especialização podem causar diferenças significativas de pensamento, muitos níveis de supervisão podem causar uma distorção das informações etc.

A heterogeneidade dos colaboradores ao mesmo tempo em que é importante para o surgimento de novas ideias, pode se transformar em uma fonte de conflito, pois os indivíduos diferentes têm valores distintos: pensam e agem de maneira diversa.

A participação dos funcionários pode ser uma fonte de conflito, uma vez que, quando participam de alguma decisão, por exemplo, afloram as diferenças individuais. Vecchio (2008) afirma que se os resultados dessa participação e o conflito subsequente aumentarem o desempenho geral de uma unidade de trabalho, a existência do conflito poderá ser produtiva.

Eis aqui uma fonte certa de conflitos: a distinção entre linha e *staff*. As diferenças de objetivos, de metas e valores que existem entre os indivíduos que trabalham em funções de linha e aqueles que trabalham em funções de *staff* são, comumente, causas de muitos conflitos. Nem sempre o que o *marketing* pensa sobre um produto é o mesmo pensamento que a produção tem sobre ele.

Imagine uma situação em que você, ao desempenhar uma função, venha a descobrir que colegas, que ocupam funções semelhantes, têm mais recompensas que você. Como você se sentiria? Provavelmente, essa situação seria a causa de um conflito.

A disputa por recursos também pode ser causa de um conflito. Em épocas de grande disponibilidade de recursos, os conflitos ficam muito reduzidos. Em contra partida, quando os recursos ficam escassos, a probabilidade de surgirem conflitos é bem maior.

Segundo Vecchio (2008), a distribuição de poder dentro de uma organização também pode ser uma fonte de conflito. A percepção de diferença de poder entre os grupos provavelmente desafiará a ordem existente.

32. Fatores do comportamento pessoal

Além dos fatores organizacionais, as diferenças entre os indivíduos podem se constituir em fontes de conflito. De acordo com Vecchio (2008), os valores ou as percepções de situação de algumas pessoas são particularmente passíveis de gerar conflito com outros. Estudos indicam que existem pessoas com certos traços para propensão a conflitos. O autoritarismo e a baixa autoestima podem predispor pessoas a criarem conflitos.

33. Estilos de gerenciamento de conflitos

Ken Thomas apud Vecchio (2008) indicou os cinco principais estilos de gerenciamento de conflitos que os gerentes podem adotar: coação, colaboração, conciliação, evasão e benevolência.

A coação ocorre quando o gerente lança mão de sua autoridade formal para resolver o conflito, fazendo ameaças às partes envolvidas.

Na colaboração há a busca pelo consenso entre as partes, por meio de uma discussão sincera e honesta. O gerente e os envolvidos no conflito adotam atitudes firmes e abertas.

Já a conciliação envolve apenas concordar com a vontade de outra pessoa.

Na evasão pode haver um estilo de gerenciamento de conflito, principalmente quando não se percebe a cooperação para se chegar a uma solução. Às vezes, para que a solução surja é necessário um recuo estratégico até que os ânimos ou a situação fique mais favorável.

A benevolência busca uma solução intermediária do conflito por meio da satisfação parcial dos desejos de ambas as partes. A predisposição para ceder e cooperar é necessária para que ocorra a benevolência.

A Tabela 3 resume os cinco estilos para lidar com o conflito.

Tabela 3 – Estilos de gerenciamento de conflito

Estilo de gerenciamento	Expressão ou termo relacionado	Provérbio
Coação	Competição Conflitante Posicionamento contra o outro	Não abandone sua posição
Colaboração	Resolução de problemas Integração Confronto	Vamos raciocinar juntos
Conciliação	Ceder-perder Amigável-colaboradora Posicionamento a favor do outro	É melhor dar do que receber
Evasão	Afastamento do outro Retirada Perder-retirar-se	Evitar problemas
Benevolência	Dividir a diferença Partilha Negociação difícil	É dando que se recebe

Fonte: Vecchio, 2008.

34. Negociação

Segundo Vecchio (2008), **negociação** é um processo interativo, no qual dois ou mais grupos discutem a alocação dos recursos, sendo uma importante técnica usada para gerenciar conflitos. Existem dois modelos aplicados a negociação: a negociação distributiva, também conhecida como "ganha-perde", isto é, ao final do processo de negociação subsistirão ganhadores e perdedores; e a negociação integrativa, também conhecida como "ganha-ganha", em que se visa a solução dos conflitos de forma a atender adequadamente ambas as partes. Ao final do processo todos ganharão, por que cederam em nome de um resultado que seria bom para o todo e não apenas para uma das partes.

35. A negociação ganha-ganha

O processo de negociação "ganha-ganha" é composto por quatro etapas: planejamento, relações, acordos e manutenção.

O planejamento requer que cada negociador defina seus objetivos, os antecipe perante os outros negociadores, determine as áreas de

probabilidade de consenso e desenvolva estratégias para reconciliação, caso não haja acordo.

A etapa das relações impõe que os negociados planejem atividades que permitam o desenvolvimento de relações positivas e de confiança mútua antes de iniciar o processo de negociação propriamente dito.

O acordo exige que cada uma das partes confirmem os objetivos da outra parte, estabeleçam as áreas de acordo, estudem e proponham soluções positivas, caso seja necessária uma reconciliação, e que se disponham a resolver quaisquer diferenças remanescentes.

Por fim, a manutenção implica no fornecimento de *feedback* com base no desempenho do que foi acordado. As partes devem manter contato e reafirmar a confiança mútua.

Glossário – Unidade 3

Brainstorming – técnica utilizada para primeiro se gerar ideias, cuja viabilidade será avaliada em um segundo momento pelo grupo.

Canal – meio pelo qual a mensagem sai do emissor e chega ao receptor.

Carisma – palavra de origem grega, que se refere a uma dádiva inspirada pelos deuses (por exemplo, ser capaz de realizar milagres ou prever o futuro).

Comunicação – troca de mensagens entre pessoas, com a finalidade de construir significados.

Comunicação não verbal – utilização de sinais e linguagem corporal para se comunicar.

Conflito – processo resultante de uma pessoa (ou um grupo de pessoas) perceber que uma outra está impedindo, ou se encontra em vias de impedir, uma ação importante.

Equipe – pequeno grupo de pessoas com habilidades complementares que buscam um propósito ou metas comuns pelos quais adotam uma abordagem para se ajudarem e manterem-se mutuamente responsáveis.

Gerenciar – consiste em tomar decisões, definir normas e padrões, orientar o trabalho dos funcionários.

Grupo – duas ou mais pessoas que interagem entre si de forma que as pessoas se influenciam mutuamente.

Liderança – processo pelo qual uma pessoa tenta levar os membros de uma organização a fazer algo que ela deseja.

Negociação – processo interativo no qual dois ou mais grupos discutem a alocação dos recursos, sendo uma importante técnica usada para gerenciar conflitos.

Ruído – qualquer coisa que dificulte ou distorça uma mensagem.

UNIDADE 4
COMPORTAMENTO MACRO-ORGANIZACIONAL

Capítulo 1 Cultura organizacional, 91

Capítulo 2 Como é formada a cultura organizacional, 91

Capítulo 3 Preservação e mudança da cultura organizacional, 92

Capítulo 4 Para compreender a cultura organizacional, 93

Capítulo 5 Cultura e clima organizacional, 95

Capítulo 6 Desenho organizacional, 96

Capítulo 7 Modelos de estruturas organizacionais, 97

Capítulo 8 Estrutura funcional, 97

Capítulo 9 Estrutura em função do produto, 97

Capítulo 10 Estrutura híbrida, 98

Capítulo 11 Estrutura matricial, 98

Capítulo 12 Estrutura organizacional e contingência, 100

Capítulo 13 Novos desenhos de estrutura organizacional, 101

Capítulo 14 Desenvolvimento organizacional, 101

Capítulo 15 Fases do processo de desenvolvimento organizacional, 103

Capítulo 16 Resistência à mudança, 104

Capítulo 17 Técnicas de desenvolvimento organizacional, 104

Capítulo 18 Qualidade de vida no trabalho, 105

Capítulo 19 Satisfação no trabalho, 107

Glossário, 108

Referências, 109

O modelo básico de comportamento organizacional estudado na Unidade 1 define um caminho que começa com o indivíduo, passa pelo grupo e termina com a organização. Nesta Unidade trataremos da última etapa desse modelo que é a organização.

1. Cultura organizacional

Cada organização tem um "jeito" que lhe é muito peculiar. São algumas diferenças percebidas que tornam essas organizações singulares. Esse "jeito", ou essas diferenças, podem ser explicadas se conhecermos a cultura da organização. Os especialistas em comportamento organizacional propuseram várias definições sobre cultura organizacional. Segundo Vecchio (2008), **cultura organizacional** pode ser definida como os valores e normas compartilhadas que existem em uma organização e são ensinadas aos novos empregados. Essa definição é amplamente adotada nos meios empresariais e, de certa forma, explica a maneira como a organização pensa e opera.

A cultura organizacional funciona como uma liga para manter a organização unida à medida que estabelece os padrões que devem ser seguidos pelos dirigentes e funcionários.

> *ATENÇÃO! Não existe juízo de valor quando analisamos a cultura de uma organização. Não existem culturas boas ou culturas ruins. A cultura deve ser um fator facilitador para o alcance dos objetivos da organização. Quando passa a ser um empecilho precisa ser mudada, levando-se em consideração todas as implicações que essa situação acarretará.*

2. Como é formada a cultura organizacional

A formação da cultura organizacional pode ter origem em diferentes aspectos. Os pesquisadores em comportamento organizacional elegeram quatro aspectos principais: o fundador ou a liderança da organização, o país nativo ou o país onde a empresa opera, necessidades de adaptação externa e necessidades de integração interna.

Os fundadores têm uma forte influência na formação da cultura de uma organização. Quando criam uma organização, criam, também, uma visão, projetando no tempo aquilo que pensam alcançar. Os valores e as crenças dos fundadores passam a influenciar a definição de políticas, normas, procedimentos e até o comportamento das pessoas que irão trabalhar na organização.

Por que, na maioria das vezes, uma organização que passa de pai para filho não sobrevive? A explicação é simples: o pai, o fundador da empresa, têm seus valores e suas crenças, enquanto o filho, por pertencer à outra geração, tem valores e

Steve Jobs teve um papel fundamental na formação da cultura da Apple.

crenças diferentes das do seu genitor. Se essa transição de comando não for bem trabalhada, no que se refere à transição de valores e crenças, a cultura da organização entra em choque e pode ameaçar sua sobrevivência.

De acordo com Vecchio (2008), as normas adotadas pela sociedade do país nativo ou no qual a empresa opera também podem desempenhar um papel na determinação da cultura organizacional. As empresas procuram se adaptar aos valores e crenças das sociedades nas quais estão inseridas. Por exemplo, uma empresa americana que se instala no Brasil, para que possa operar e alcançar seus objetivos, terá de adaptar a sua cultura de origem (americana) aos valores e crenças da cultura brasileira.

Outro aspecto que influencia a formação da cultura de uma empresa é sua necessidade de adaptação externa. O ambiente externo é dinâmico, fazendo com que clientes, fornecedores e competidores mudem suas necessidades ou formas de atuação. Essas mudanças influenciam as alterações na cultura das organizações. As organizações que atuam com responsabilidade social, por exemplo, têm uma boa aceitação ou valorização no mercado. Atuar com responsabilidade social só faz sentido se fizer parte da cultura da organização. Esse é um exemplo de adaptação externa.

A organização precisa operar de maneira integrada. Para tanto, as necessidades de integração interna levam às organizações a determinarem regras, códigos de conduta, critérios de aceitação de novos membros, distribuição de papéis etc. Essas ações influenciam a cultura da organização.

3. Preservação e mudança da cultura organizacional

Alguns fatores são determinantes para a preservação da cultura da organização. Destacaremos os principais.

- **contratação de novos membros**: no processo seletivo utilizado para contratação de novos membros para a organização é avaliado um conjunto de requisitos que devem ser atendidos, para que o candidato que vier a ser escolhido possa desempenhar, adequadamente, a função para a qual será contratado. Nesse processo, também são considerados os valores e crenças dos candidatos. Aqueles cujos valores e crenças individuais se aproximam dos valores e crenças da organização terão mais chance de sucesso;

- **processo de socialização**: após a contratação, o novo funcionário passa por um processo de socialização. Compõe o processo de socialização um conjunto de ações que as organizações utilizam para facilitar e acelerar a adaptação do novo funcionário à cultura da empresa. As ações mais comuns são programas de integração, treinamentos diversos – incluindo processos e aspectos relativos à segurança no trabalho – acompanhamento das atividades de funcionários mais antigos e supervisão mais próxima;

- **dirigentes**: o que os dirigentes consideram importante, como estabelecem os objetivos e as metas, como fazem a medição e o controle, como lidam com situações críticas, o quanto delegam e como reconhecem o esforço de seus subordinados, constituem-se em elementos que influenciam a preservação da cultura de uma organização. Imaginemos a seguinte situação: num processo de mudança de chefia na área de determinada empresa é comum que, nos primeiros dias de contato com a nova chefia, o subordinado fique cauteloso até descobrir o estilo daquela nova liderança. Se o estilo da nova gestão for diferente da anterior, o subordinado terá de se adaptar, caso não queira enfrentar problemas.

A organização que necessitar, por alguma motivação externa e/ou interna, mudar sua cultura organizacional deverá promover mudanças no processo seletivo, no processo de socialização e na forma de atuação dos dirigentes, devido à força que esses fatores têm sobre ela.

4. Para compreender a cultura organizacional

De acordo com Vecchio (2008), são seis os conceitos básicos para se compreender a cultura de uma organização, conforme a Figura 12.

Figura 12 – Modelo para compreensão da cultura organizacional

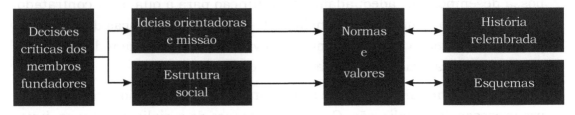

Fonte: Autor, adaptado de Vecchio, 2008.

A visão, inspiração e os valores dos fundadores de uma organização são fundamentais na formação da cultura da organização. Segundo Vecchio (2008), eles influenciam a formação da cultura valendo-se de meios como as principais decisões de recrutamento, decisões críticas relativas ao mercado da empresa e seleção de sucessores.

As ideias orientadoras adotadas pelos líderes, que são traduzidas em metas e valores superiores, constituem uma declaração de propósito ou missão da organização. É comum que incorporem uma crença ou uma ideia central da organização. Por exemplo, o Metrô de São Paulo é reconhecido como um dos metrôs mais limpos do mundo. Manter o metrô limpo é um valor superior que foi incorporado pela liderança desde a criação da empresa.

Os líderes também influenciam a criação da estrutura social de uma organização. São estabelecidos os padrões de interação entre os indivíduos e os grupos. A maneira com que dividem o trabalho e organizam os recursos para a realização das tarefas, influenciam a estrutura social.

A definição de normas e valores sob influência da missão e da estrutura social adotadas pela organização formam o núcleo da cultura organizacional. Segundo Vecchio (2008), normas são expectativas para o comportamento dos membros da organização; valores são preferências entre atividades e resultados.

Os valores e as normas podem influenciar o processo de memória e interpretação da história organizacional. Segundo Vecchio (2008), o simbolismo inclui rituais e cerimônias. Os símbolos são utilizados para transmitir os valores, validam as práticas e contribuem para facilitar a socialização de novos membros e criar a lealdade. Afirma Vecchio (2008) que a história relembrada e o simbolismo conseguem influenciar as normas e os valores existentes.

Os esquemas institucionalizados são definidos pelas políticas formais, sistemas de reconhecimento, estrutura de comando e mecanismos de comunicação. Constituem a maneira de administrar a organização e podem influenciar atitudes e comportamentos dos indivíduos da organização.

Vecchio (2008) afirma que os esquemas institucionalizados, a história relembrada e o simbolismo ajudam a perpetuar a cultura da organização ao longo do tempo.

5. Cultura e clima organizacional

Clima organizacional é representado pela percepção que os indivíduos têm a respeito da atmosfera psicológica que caracteriza um momento da organização. O clima organizacional reflete o estado da motivação dos indivíduos de uma organização. Podemos identificar três estados do clima em uma organização: quente (quando as condições percebidas provocam uma maior satisfação no trabalho e influenciam a motivação dos indivíduos); neutro (quando as condições percebidas nem estimulam, nem desestimulam a motivação); e frio (quando as condições percebidas, além de não criar condições favoráveis à motivação, influenciam a desmotivação).

O clima organizacional pode ser medido a partir de questionários ou formulários eletrônicos, por meio dos quais os indivíduos podem externar sua percepção sobre vários aspectos que representam o clima da organização: condições de trabalho, recompensas, estilo da liderança, relacionamento com colegas e perspectivas de crescimento profissional. Esses são os temas mais comuns abordados nas pesquisas sobre o clima organizacional.

O conceito de clima é diferente do conceito de cultura organizacional. Como já vimos, o clima é baseado em percepções individuais e, muitas vezes, é definido como os padrões recorrentes do comportamento, atitudes e sentimentos que caracterizam a vida nas organizações. Por outro lado, a cultura organizacional refere-se aos valores e às crenças que ao longo da história da organização influenciaram o comportamento dos funcionários.

A cultura organizacional é mais difícil de ser alterada. Mudar um valor ou uma crença é complicado e trabalhoso, ao passo que mudar o clima é mais fácil, pois considera a relação da percepção do indivíduo com o ambiente. Melhorando o ambiente é possível melhorar o clima.

6. Desenho organizacional

Segundo Griffin & Moorhead (2014), **estrutura organizacional** é o sistema de tarefas, de controle e de relações de autoridade estabelecidos para que a organização possa funcionar.

O projeto de uma estrutura organizacional deve considerar os seguintes elementos básicos: descentralização *versus* **centralização**; estrutura complexa *versus* compacta, unidade de comando *versus* cadeia de comando.

> *ATENÇÃO! O desenho organizacional adotado interfere no comportamento dos indivíduos. Uma empresa descentralizada exige um padrão de comportamento diferente daquele solicitado por uma centralizada. O grau de exposição de um indivíduo é maior em uma organização descentralizada.*

Descentralização *versus* centralização: uma organização descentralizada é aquela na qual as decisões são tomadas no escalão inferior. Por outro lado, quando há a concentração da decisão nos níveis mais elevados da hierarquia, sem que haja a participação dos níveis inferiores, teremos uma organização centralizada.

Estruturas complexas *versus* compactas: de acordo com Vecchio (2008), a estrutura complexa *versus* estrutura compacta refere-se ao número de níveis de autoridade e amplitude (ou ao tamanho) de cada um. Quanto maior o número de níveis em uma organização, mais complexa ela será. Para Vecchio (2008), estruturas complexas e estruturas compactas diferem em termos da amplitude de controle que empregam. De acordo com este autor, **amplitude de controle** refere-se ao número de subordinados que respondem a um único supervisor e, portanto, determina, parcialmente, o tamanho de uma organização.

Qual é a amplitude de controle ideal para uma organização? A resposta a essa pergunta não é simples. Não existe uma fórmula matemática que possa ajudar a estabelecer a amplitude de controle ideal. Organizações com amplitudes de controle reduzidas permitem que os supervisores dediquem mais tempo às orientações de seus subordinados.

Unidade de comando e cadeia de comando: cada subordinado deve ter um, e somente um, supervisor. A isso se dá o nome de **unidade de comando**. Já a **cadeia de comando** refere-se ao fluxo de informações e de autoridade observados em uma organização. Nas organizações é aceitável que o fluxo de autoridade seja descendente, enquanto o fluxo de informações pode ocorrer tanto no sentido descendente como no ascendente.

7. Modelos de estruturas organizacionais

A estrutura organizacional é representada pelo **organograma**, que é um diagrama que mostra todas as pessoas, posições, relações de subordinação e linhas de comunicação formal em uma organização. Os tipos mais encontrados de estrutura organizacional são: funcional, funcional por produto e híbrida.

8. Estrutura funcional

De acordo com Vecchio (2008), uma estrutura funcional, também conhecida como departamentalização, é especialmente apropriada quando as necessidades mais importantes de uma organização se baseiam na colaboração e no conhecimento técnico, no âmbito de um conjunto de operações definidas quando o ambiente é estável e somente são produzidos uns poucos produtos. Na estrutura funcional as atividades são agrupadas por especialidades. A Figura 13 apresenta um modelo de estrutura funcional.

Figura 13 – Estrutura funcional

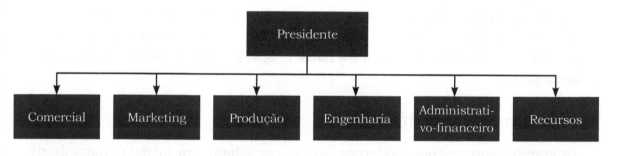

Fonte: Autor.

Uma estrutura funcional é adequada quando a organização atua em um ambiente estável, produz poucos produtos e o conhecimento técnico e a colaboração são suas principais necessidades. Uma estrutura funcional pode apresentar como pontos fracos a demora em reagir às mudanças e restrições à inovação.

9. Estrutura em função do produto

A estrutura por produto segue a organização da produção para agrupar as atividades e as pessoas. Segundo Vecchio (2008), cada linha de produto possui suas próprias áreas de produção, marketing e recursos de desenvolvimento, como parte da estruturação. A Figura 14 apresenta um modelo de estrutura por produto.

Figura 14 – Estrutura por produto

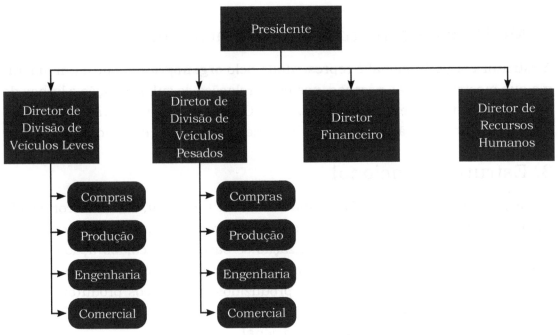

Fonte: Autor.

Vecchio (2008) afirma que essa estrutura é mais ajustada para adaptar-se a mudanças no ambiente organizacional, sendo especialmente apropriada para organizações que produzem um grande número de produtos ou são fortemente orientadas ao consumidor. Esse modelo de estrutura tem como principais pontos fracos a perda de escala e a baixa cooperação entre as diferentes linhas de produto.

10. Estrutura híbrida

As grandes corporações modernas optam por adotar um modelo chamado de estrutura híbrida, combinando as vantagens apresentadas pela estrutura funcional e pela estrutura por produto. Algumas funções de mais especialização são alocadas na sede corporativa, enquanto as unidades de produção têm maior grau de independência e podem estar fisicamente instaladas em outros locais. A Figura 4 apresenta um modelo de estrutura híbrida.

De acordo com Vecchio (2008), uma organização, ao se empenhar em conseguir um equilíbrio entre a estrutura funcional e a estrutura em função do produto, consegue se valer dos benefícios de ambas.

11. Estrutura matricial

De acordo com a natureza do negócio ou da complexidade da organização, é necessária uma estruturação que combine, de forma equilibrada, as caracterís-

Figura 15 – Estrutura híbrida

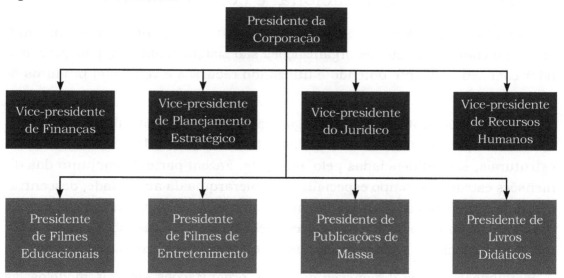

Fonte: Autor, adaptado de Vecchio, 2008.

ticas da estrutura funcional com as características da estrutura por produto. Essa estrutura é denominada estrutura matricial. Sua principal característica é criar uma linha de comando dupla, isto é, cada indivíduo passa a ter uma dupla linha de comando: uma reportando-se ao gerente funcional e, outra, se reportando ao gerente de produto. A Figura 16 apresenta um modelo de estrutura matricial.

Figura 16 – Estrutura matricial

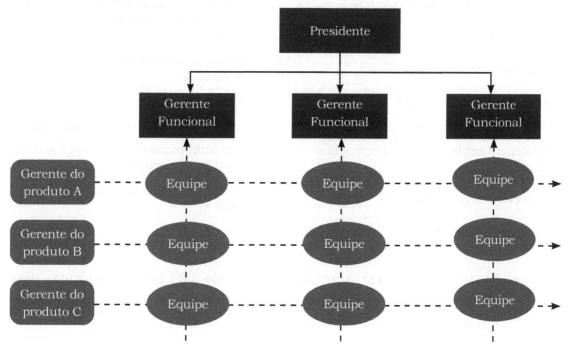

Fonte: Autor.

12. Estrutura organizacional e contingência

Segundo Vecchio (2008), os estudiosos da estrutura organizacional, em geral, apoiam o conceito de que as organizações são sistemas abertos, pois precisam lidar com seu ambiente obtendo e utilizando recursos e vendendo produtos finais ou serviços.

Segundo esse conceito, de que as organizações são sistemas abertos, devemos considerar que as suas características internas, conhecidas como dimensões estruturais, são influenciadas pelo ambiente. Fazem parte do conjunto das dimensões estruturais o tipo especialização, hierarquia da autoridade, descentralização e complexidade. Outras dimensões que se relacionam às características da organização e do ambiente são conhecidas como dimensões contextuais: tamanho, tecnologia e públicos externos – clientes, fornecedores e governo.

A combinação dessas dimensões divide as organizações em dois modelos: as mecanicistas e as orgânicas. As que adotam o modelo mecanicista operam em ambientes estáveis, enfatizam o cumprimento de regras e procedimentos e a autoridade obedece à estrutura hierárquica. Por sua vez, as organizações que adotam o modelo orgânico operam em ambientes mais instáveis, são mais flexíveis e descentralizadas. O Quadro 3 apresenta as principais diferenças entre os modelos mecanicistas e orgânicos.

Quadro 3 – Diferenças entre os modelos mecanicista e orgânico

Mecanicista	Orgânico
Tarefas especializadas	Contribuições dos empregados para uma tarefa comum
Hierarquia de autoridade	Menor adesão à autoridade e controles formais
Comunicação hierárquica	Comunicação em rede
Conhecimento e controle centralizado	Conhecimento e controle descentralizados
Insistência em lealdade e obediência à organização	Lealdade e compromisso manifestados para o projeto ou para o grupo
Grau elevado de formalidade	Grau elevado de flexibilidade e autoridade para decisões

Fonte: Autor, adaptado de Vecchio, 2008.

A definição do modelo de estrutura mais adequado para uma organização deve levar em consideração um conjunto grande de variáveis. A estrutura adotada influenciará o comportamento dos indivíduos e dos grupos nas organizações.

13. Novos desenhos de estrutura organizacional

A crescente competitividade entre as organizações tem mobilizado os executivos e os especialistas a desenvolverem novos desenhos estruturais que atendam às necessidades tornando-as mais eficazes. Um dos modelos que tem sido utilizado por muitas empresas é chamado de organização virtual.

A organização virtual, também conhecida como organização em rede, segundo Griffin & Moorhead (2014), é uma aliança temporária formada por duas ou mais organizações que formam outra organização com propósito específico ou para explorar uma oportunidade específica.

A organização virtual conta com uma estrutura pequena, uma vez que foca no que é o cerne de seu negócio, terceirizando as atividades que não são estratégicas. Com isso, ganha flexibilidade, menores custos fixos e pode competir globalmente. Outra característica de uma organização virtual é que possibilita, de acordo com a natureza do trabalho a ser realizado, que os funcionários possam trabalhar em casa, sem que tenham a necessidade de ir todos os dias para um local determinado pela organização. A organização virtual não é apenas mais um modismo de gestão. Tornou-se uma maneira de lidar com as rápidas mudanças provocadas pelo uso da tecnologia e pela competição global. A organização virtual tem como uma das suas principais vantagens a flexibilidade, ou seja, a capacidade de organizar e reorganizar rapidamente para atender a uma nova necessidade.

14. Desenvolvimento organizacional

As organizações são, frequentemente, pressionadas para mudar, para se adaptar às novas necessidades impostas tanto pelo ambiente externo quanto pelo ambiente interno. O Quadro 4 apresenta uma síntese das principais pressões as quais as organizações estão submetidas.

Quadro 4 – Pressões para a mudança organizacional

Categoria	Exemplo	Tipo de pressão pra mudança
Pessoas	Geração X, Y Suprimentos globais de trabalho Idosos Diversidade da força de trabalho	Demanda por diferentes tipos de treinamento, de benefícios, de arranjos físicos e de sistemas de recompensas.
Tecnologia	Internet Equipes de designers globais	Mais educação e formação dos trabalhadores em todos os níveis, produtos mais novos, produtos chegam mais rápido ao mercado.
Processamento de informações e comunicação	Computadores, satélites de comunicação Terceirização do mercado global Videoconferência Redes sociais	Reações rápidas dos times, resposta imediatas para questionamentos, novos produtos, diferentes arranjos físicos no escritório, teletrabalho, marketing, propaganda e recrutamento utilizando as redes sociais.
Competidores	Mercados globais Acordos internacionais de comércio Nações emergentes	Competição global, mais produtos concorrentes com mais recursos e opções para os consumidores, custos com a legislação, alta qualidade.

Fonte: Autor, adaptado de Griffin & Moorhead, 2014.

Para lidar com todas essas pressões e como elas influenciam o processo de mudança organizacional, os especialistas criaram uma metodologia que recebeu o nome de desenvolvimento organizacional.

> *PARA SABER MAIS! Muitas organizações contratam consultorias para auxiliá-las a estruturar e conduzir um programa de DO (desenvolvimento organizacional). Dependendo do grau de intervenção que será necessário, às vezes é mais estratégico ter alguém de fora auxiliando na implementação das mudanças.*

Desenvolvimento organizacional (DO) – pode ser definido como uma intervenção planejada, utilizando técnicas e modelos de mudança, aplicando conhecimentos da ciência do comportamento, visando o reforço das estratégias, estruturas e processos para melhorar a eficácia organizacional. Mudança ocorre quando passamos a fazer as coisas de forma diferente. Ela pode ocorrer ao acaso ou ser planejada. A **mudança planejada** permite que sejam feitas intervenções para que ocorram alterações intencionais, necessárias ao alcance de objetivos específicos. A mudança planejada é conduzida por um agende de mudanças. De acordo com Vecchio (2008), o DO, em essência, tenta mudar uma organização como um todo de forma planejada: estrutura, tecnologia, pessoas e/ou tarefas. A Figura 17 ilustra a relação entre esses quatro fatores.

Figura 17 – Fatores organizacionais interdependentes que podem ser o foco da mudança no desenvolvimento organizacional – DO

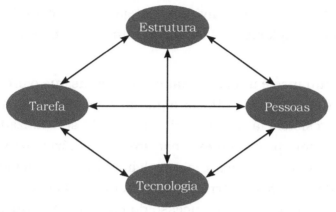

Fonte: Autor, adaptado de Vecchio, 2008.

15. Fases do processo de DO

O processo de mudança organizacional possui três fases, que foram identificadas por Kurt Lewin, apud Vecchio (2008): reconhecimento ou descongelamento, mudança e integração ou recongelamento.

O **descongelamento** refere-se ao processo pelo qual as pessoas se conscientizem da necessidade de mudança. Segundo Vecchio (2008), a percepção de que atitudes ou aptidões dos empregados ou de que regras e procedimentos geram problemas que prejudicam o término das tarefas pode originar o processo de reconhecimento. Vecchio (2008) ressalta que o descongelamento tem de ocorrer antes do início do processo de DO, pois o não reconhecimento ou a aceitação de um problema pode impedir o desejo de mudança.

A mudança ocorre quando são implantados novos planos ou sistemas na organização, novos processos de trabalho, novas tecnologias, novas formas de avaliação etc., que alteram a forma dos relacionamentos e atividades.

A integração ou **recongelamento** ocorre a partir da incorporação dos novos padrões de comportamento e das técnicas implantadas na fase anterior. Nesta fase, os responsáveis pelas mudanças avaliam os resultados obtidos e, se não foram satisfatórios, podem fazer um redirecionamento do programa. A Figura 18 apresenta as fases da mudança segundo a teoria de Kurt Lewin.

Figura 18 – Fases do processo de mudança de Kurt Lewin

Fonte: Autor, adaptado de Griffin & Moorhead, 2014.

16. Resistência à mudança

Por mais conscientes que os indivíduos estejam da necessidade de mudança, nem sempre é fácil implementá-las. O ser humano tem certa tendência de resistir à mudança.

A resistência à mudança é uma das maiores barreiras que o processo de DO tem que superar. Para tanto, pode utilizar algumas técnicas que ajudarão a minimizar os níveis de resistência. Uma técnica que pode ser utilizada é a educação. A educação tem como propósito explicar aos funcionários as razões e como se dará a mudança. Outra técnica é o envolvimento dos funcionários no planejamento da mudança. Dessa forma, os funcionários afetados se sentirão mais valorizados e contribuirão para o sucesso do plano de mudanças. Uma terceira técnica é a negociação. Negociar significa que ambos os lados deverão ceder para que as mudanças se efetivem.

Uma técnica que pode ser adotada, mas que tem sérias ressalvas, é a coação. Os indivíduos afetados pela mudança são ameaçados, caso não as aceitem.

17. Técnicas de DO

As principais técnicas de intervenção do DO são: retorno dos resultados da pesquisa, formação da equipe, treinamento da sensibilidade e reuniões de confrontação.

- **retorno dos resultados da pesquisa**: consiste na aplicação de um questionário desenvolvido pelos especialistas em DO que, normalmente, aborda questões como satisfação, liderança e tomada de decisões. As respostas são tabuladas e encaminhadas para a análise dos executivos da organização. O objetivo da aplicação desse questionário é despertar a conscientização de que a mudança é necessária. A diferença da aplicação de questionário no DO difere das aplicações tradicionais, uma vez que os resultados obtidos são apresentados para os executivos e para todos os membros da organização;

- **formação de equipe**: de acordo com Vecchio (2008), o núcleo da formação de equipe é representado pelos grupos de trabalho existentes, denominados grupos de família, ou grupos de trabalho formados recentemente e reunidos para um fim específico, denominados grupos especiais, cuja meta, em ambas as situações, consiste em melhorar o desempenho, enfrentando problemas e obstáculos. A reunião de formação de equipe pode ocorrer em local fora do ambiente de trabalho, o que permite que os membros da equipe possam se concentrar na solução de problemas. A partir da análise dos dados disponíveis sobre o problema, a equipe identificará as possíveis soluções e traçará um plano para implementá-las. A própria equipe será responsável pelo acompanhamento e avaliação dos resultados obtidos.

A utilização adequada das equipes pode ajudar na solução de problemas

- **Treinamento da sensibilidade**: um grupo de 8 a 12 pessoas, também chamado de grupo T, se reúne durante vários encontros com duração de duas a três horas. O monitor do grupo atua mais como facilitador e orientador. O objetivo dos encontros é fazer com que o grupo perceba e se sensibilize para a mudança; e

- **reuniões de confrontação**: essa técnica é utilizada para gerenciar conflitos. A aplicação dessa técnica permite que os grupos em conflito se reúnam, de forma organizada e estruturada, para aumentar a cooperação. A realização das reuniões segue um plano pré-estabelecido, no qual as percepções dos grupos são trabalhadas até produzirem um ambiente cooperativo.

Mudar o comportamento não é uma tarefa simples. O desenvolvimento organizacional pode ajudar muito nos processos de mudança desde que as técnicas, o tempo de duração e as medidas escolhidas para avaliar o seu impacto sejam adequados às características e condições da organização. Às vezes é mais prudente fazer pequenas mudanças de forma lenta e gradual, do que uma mudança muito radical em um curto espaço de tempo.

18. Qualidade de vida no trabalho

Segundo Vecchio (2008), em muitos países ocidentais industrializados tem ocorrido o reconhecimento crescente da importância de ressaltar, simultaneamente, o valor das experiências psicológicas dos empregados no trabalho e sua produtividade. Esse autor entende que essa filosofia encontra-se incorporada na abordagem da Qualidade de Vida no Trabalho (QVT) pelo DO.

Qualidade de vida no trabalho (QVT) representa o grau em que os membros de uma organização são capazes de satisfazer importantes necessidades individuais por meio de suas experiências na organização.

A qualidade de vida no trabalho consiste na implantação de um conjunto de procedimentos cujo objetivo é melhorar o clima de trabalho como um todo em uma organização. Os temas abordados em um programa de QVT podem referir-se a conflitos, satisfação dos funcionários e participação no trabalho.

De acordo com Vecchio (2008), a QVT representa, em essência, um estado final desejado que enfatize a importância de proporcionar oportunidades, a fim de que os empregados contribuam para suas funções e tenham mais satisfação no trabalho.

Um programa de QVT tem também o objetivo de humanizar o local de trabalho. Richard Walton, apud Griffin & Moorhead (2014) estabeleceu oito categorias que devem ser tratadas em um programa de QVT:

- **Compensação justa e adequada**: a remuneração reflete o esforço exigido pelo trabalho, buscando o equilíbrio interno (trabalhos semelhantes) e o equilíbrio externo (mercado de trabalho).
- **Condições de trabalho**: avalia se o ambiente de trabalho é saudável e seguro, considerando aspectos como jornada de trabalho, equipamentos e materiais etc., que são necessários para a execução das tarefas.
- **Desenvolvimento das capacidades humanas**: incentiva o uso pleno das capacidades humanas na realização das funções. Estimula a autonomia e fornece feedback para avaliação dos resultados.
- **Crescimento e segurança**: considera a existência de planos de carreira, de crescimento e desenvolvimento pessoal e de segurança no emprego.
- **Integração social**: a organização trata todos com igualdade, sem discriminar idade, classe socioeconômica, orientação sexual.
- **Constitucionalismo**: avalia o quanto a organização cumpre os direitos dos funcionários. Trata do cumprimento da legislação, diz respeito às garantias de privacidade e de liberdade de expressão no ambiente de trabalho.
- **Espaço total da vida**: considera a necessidade de equilibrarmos nossa vida pessoal com o nosso trabalho.
- **Relevância do trabalho na vida**: procura identificar qual é a percepção que o funcionário tem sobre a imagem da empresa, se a organização tem uma

ação socialmente responsável junto à comunidade na qual está inserida, à qualidade dos seus produtos e serviços.

Um programa de QVT bem-sucedido pode ser um fator primordial para o sucesso da organização como um todo. Estudos mostram que empresas que implantaram programas de QVT com sucesso alcançaram bons resultados em suas operações, junto aos seus clientes e juntos às comunidades de forma geral.

19. Satisfação no trabalho

Como estudado na Unidade 1, a satisfação no trabalho significa sentir uma forte identificação com o que o trabalho proporciona ao indivíduo, que pode ir desde o alcance de objetivos e valores pessoais, até as formas de recompensa. A satisfação no trabalho também está associada à qualidade de vida que a organização proporciona a seus funcionários.

Na Unidade 2, foi visto como a satisfação no trabalho pode ser avaliada e seus impactos no comportamento dos indivíduos em uma organização.

Já na Unidade 3, constatamos o quanto os estímulos para o trabalho em equipe, os estilos de liderança e a forma com que as organizações tratam os conflitos entre o indivíduo e um grupo ou entre grupos, podem afetar a satisfação no trabalho.

Deixamos para abordar nesta unidade a importância da cultura organizacional, caracterizada pelos seus valores e crenças, como uma fonte de satisfação no trabalho. É muito difícil estar satisfeito no trabalho, em uma organização, cujos valores são muito diferentes dos nossos. Estudamos, também, a importância dos programas de qualidade de vida, como uma filosofia que pode tornar o ambiente de trabalho mais saudável, justo, seguro e produtivo.

Agora que chegamos ao fim da Unidade 4, você poderá compreender como a organização pode interferir no comportamento dos indivíduos e que conceitos, técnicas, métodos que ela dispõe para conhecer, prever e estimular comportamentos a ajudem a transformar seus funcionários em pessoas felizes, pois, agindo com essa preocupação alcançará bons resultados de maneira sustentável.

Glossário – Unidade 4

Amplitude de controle – número de empregados que respondem a um único supervisor e, portanto, determina parcialmente o tamanho de uma organização.

Cadeia de comando – fluxo de informações e de autoridade observados em uma organização.

Centralização – grau no qual as decisões são tomadas nos níveis hierárquicos mais elevados da organização.

Clima organizacional – percepção que os indivíduos têm a respeito da atmosfera psicológica que caracteriza um momento da organização.

Cultura organizacional – sistema de valores e normas compartilhados que existem em uma organização e são ensinados aos novos empregados.

Descongelamento – processo pelo qual as pessoas se conscientizem da necessidade de mudança.

Desenvolvimento organizacional – intervenção planejada, utilizando técnicas e modelos de mudança, aplicando conhecimentos da ciência do comportamento, visando o reforço das estratégias, estruturas e processos para melhorar a eficácia organizacional.

Estrutura organizacional – sistema de tarefas, de controle e de relações de autoridade estabelecidos para que a organização possa funcionar.

Mudança planejada – intervenções para que ocorram alterações intencionais, necessárias ao alcance de objetivos específicos.

Organograma – diagrama que mostra todas as pessoas, posições, relações de subordinação e linhas de comunicação formal em uma organização.

Recongelamento – incorporação dos novos padrões de comportamento e das técnicas implantadas na fase de mudança.

Unidade de comando – quando o subordinado deve ter um, e só um, supervisor.

Referências

GRIFFIN, Ricky W. & Moorhead, Gregory. *Organization Behavior – Managing People and Organization*. South-Western: Cengage Learning, 2014.

VECCHIO, Robert P. *Comportamento organizacional: conceitos básicos*. Tradução Roberto Galman. São Paulo: Cengage Learning, 2008.

José Carlos Marques

Bacharel em Administração de Empresas pela Escola Superior de Negócios (Esan), hoje Centro Universitário da Faculdade de Engenharia Industrial (FEI), e mestre em Gestão da Qualidade pela Universidade Estadual de Campinas (Unicamp-SP). É especialista em Gestão de Recursos Humanos e Organização pela Pontifícia Universidade Católica de São Paulo (PUC-SP) e atua como professor do Centro Universitário da FEI – Campus São Paulo.